**CIP**-Titelaufnahme
der Deutschen Bibliothek

**Bezzel, Einhard:**
Der Pirol: das besondere Vogelporträt/
Einhard Bezzel.Ill.
Friedhelm Weick.-Minden;
München: Blüchel u. Philler, 1989

**Verlegerische Gesamtleitung:**
Kurt G. Blüchel
**Herausgeber:**
Dr. Einhard Bezzel
**Cheflektorat:**
Sonnhild Bischoff
**Layout und Herstellung:**
Harald Britschgi
**Satz:**
KSW Satz + Repro GmbH, München
**Lithographien:**
SKU Reproduktionen, München
**Druck und Einband:**
Mairs Graphische Betriebe GmbH & Co, Ostfildern
**Kartenzeichnungen:**
Thomas Schöne
Die beiden Schwarzweißzeichnungen auf Seite 11 stammen von LORIOT und wurden
uns freundlicherweise vom Diogenes Verlag, Zürich, zur Verfügung gestellt.
Sie stammen aus dem Buch „Loriot, Möpse & Menschen",
© 1983 by Diogenes Verlag AG Zürich.
**Farbfotos:**
E. Bezzel (27, 110/111, 115o, 115u, 116, 122/123),
H.-D. Brandl (65, 76, 85o, 85u, 100/101),
G. Denzau (31, 33, 36, 41, 47),
Eichhorn/Zingel (63),
H. Fünfstück (89o, 89u, 91),
H. Fürst (Schmutztitel, Haupttitel),
Greiner & Meyer/Schrempp (79, Umschlagrückseite),
E. Hortig (75), B. Kahl (144, 146), A. Kankel (95u, 96/97), W. Layer (69),
A. Limbrunner (112/113, 131, 133, 134/135, 138/139, 4/5),
H. Partsch (25),
A. Plucinski (90, 95o, 98u, 99o, 99u),
H. Pollin (Titelbild, 55, 81, 83),
A. Schulze (13, 86, 92/93),
Silvestris (Brandl 9, Pollin 28, Wothe 42/43, Kriso 71),
K. Wothe (59), W. Zepf (141, 143, 149o, 149u)

ISBN 3 7907 0447 4

# *Das besondere Vogelportrait*

**Dr. Einhard Bezzel**

# Pirol
### Der

**Illustrationen Friedhelm Weick**

**1989**

# Das besondere Vogelportrait

# Der Pirol

Blüchel & Philler

# Inhalt

# Der Vogel und sein Ruf

**D**üdlio oder düliloliu – so werden die wohlklingenden Rufe des Pirols in unserer Sprache umschrieben. „Vollklingende geflötete und variable Kurzstrophen mit charakteristischen Tonsprüngen, die Anfangsteile leiser und nicht so weit hörbar wie der Rest" kennzeichnet der Bioakustiker in einem Fachbuch über Vogelstimmen die Lautäußerungen des Vogels, die unmißverständlich anzeigen, daß der Frühling endgültig Einzug gehalten hat.

**Ruf und Gesang sind zweierlei**

Doch eigentlich handelt es sich dabei nicht um Rufe, sondern um einen regelrechten Gesang. Der wird in erster Linie vom Männchen vorgetragen. Zwar lassen auch Weibchen die melodische Klangfolge hören, doch meist weniger lang und vor allem leiser.

Man hat sich in der Wissenschaft darauf geeinigt, in Strophen gegliederte oder lang anhaltende vokale Lautäußerungen von Vögeln als Gesang von Rufen zu unterscheiden. Und der Pirol wiederholt im späten Frühjahr nach seiner Ankunft die wohlklingende Flötenstrophe oft mit großer Ausdauer, so daß er diese Anforderungen der wissenschaftlichen Definition für Gesang ohne Zweifel erfüllt. Doch wichtiger noch ist die Funktion der Lautäußerungen, die man als Gesang von Rufen unterscheidet.

Gesänge werden meist nur in bestimmten Zeiten des Jahres vorgetragen – in der Regel zu Beginn und während der Fortpflanzungszeit – und haben meist verschiedene Bedeutung. Das Männchen des Pirols markiert mit seinem Gesang sein Revier, schreckt Konkurrenten ab und lockt Weibchen an.

Die gelegentlichen „Gesänge" der Weibchen sollen das Männchen stimulieren – so nimmt man wenigstens an.

Den Höhepunkt erreicht die Sangesfreudigkeit des Pirols gleich nach der Heimkehr aus dem tropischen Winterquartier, also Ende April bis Mitte Mai. Besonders an schönen Tagen ist die Sangesaktivität sehr groß. Regen und vor allem Wind hemmen den Gesang. Die Annahme, der Pirol würde durch seinen Gesang Regen ankündigen

*Drohrufen*

*Pirolmännchen auf Nahrungssuche im Laubdach der Bäume*

(„Regenvogel"), hängt vielleicht damit zusammen, daß bei großer Schwüle, insbesondere auch vor einem heraufziehenden Gewitter, Pirole oft noch als einzige Vögel singen. Die meisten Männchen beginnen etwa mit dem Sonnenaufgang, einige auch schon früher, wenn es noch ganz dunkel ist. Schon am Vormittag nimmt die Häufigkeit der Pirolstrophen stark ab; um die Mittagsstunden kehrt meistens Ruhe ein. Erst gegen Abend wird wieder lebhafter gesungen. Zwischen 20 und 21 Uhr stellen die Pirole je nach Helligkeit ihre Sangestätigkeit ein.

Bereits im Mai, wenn der Nestbau die Vögel in Anspruch nimmt, flaut die tägliche Sangesaktivität stark ab, um dann meist nochmals gegen Ende der Bebrütung der Eier vor dem Schlüpfen der Jungen etwas anzusteigen. Während der Fütterung der Nestlinge bleibt natürlich keine Zeit für den Gesang. Manchmal hört man Pirole aber wieder nach Beendigung der Brutzeit vor ihrem Abflug singen.

Verhaltenes Rufen

Rufe sind dagegen meist kurze Lautäußerungen, die im Zusammenhang mit bestimmten Situationen geäußert werden und keineswegs nur an die Fortpflanzungszeit oder bestimmte Tagesphasen gebunden sind.

So kann man bei vielen Vögeln Alarmrufe, Warnrufe, Lockrufe oder einfache Stimmfühlungsrufe und viele andere mehr unterscheiden.

Pirole melden sich bei Störung mit einem rauhen „räi" oder auch zweisilbig „grewä". Diese rauhen Rufe erinnern etwas an das wohlbekannte „Rätschen" des Eichelhähers, sind aber weicher. Sie klingen jedenfalls für unser Ohr alles andere als angenehm und unterscheiden sich schon deshalb vom Gesang. Im Flug rufen Pirole kurz und an Spechte erinnernd „jik jik" und ähnlich.

Die menschliche Sprache ist allerdings nur ein sehr unvollkommenes Mittel, Vogellaute zu umschreiben. Wer Vogelstimmen wirklich kennenlernen will, muß hinausgehen und selbst die Ohren spitzen. Ein Kenner, der Sänger oder Rufer zeigt, kann den Anfang sehr erleichtern. Man muß übrigens nicht musikalisch sein, um sich Kenntnisse der Vogelgesänge anzueignen. Wichtig ist ein Gedächtnis für Klänge und Geräusche. Auch Tonträger mit

Vogelstimmen helfen, sind aber für den Anfänger keineswegs so wichtig, wie manche Firmen glauben machen möchten. Man muß nämlich erst lernen, den Klangeindruck aus dem Lautsprecher mit der Wirklichkeit in der Natur zu vergleichen. Mit den erwähnten Lauten ist allerdings die „Pirolsprache" noch lange nicht erschöpft. Wenn ein Vogel besonders auffällige Färbung zeigt, liegt der Verdacht nahe, daß auch optische Signale in der Kommunikation zwischen den Artgenossen eine Rolle spielen (vgl. „Pirole unter sich").

**Viele Namen für einen Vogel**

Ob Ruf oder Gesang – jedenfalls hat der Vogel seinen einprägsamen Lautäußerungen viele Namen zu verdanken. Die flötende Pirolstrophe fiel schon unseren Vorfahren auf und hat zu allen möglichen Lokalnamen geführt, die übrigens zeigen, daß man den bunten Vogel schon seit langem gut kannte. Vogel Bülow, Bülau, Bierhold, Schulz von Milo, Koch von Külau, Peter Bilau, Krischan Kilian, Kückebülow, Bruder Weihrauch, Lucia, Goliath, Pyro, Tyrolt, Widewall – das sind nur einige der z.T. schon sehr alten Namen in verschiedenen deutschen Dialektgebieten. „Pirol" ist gewissermaßen der offizielle deutsche Versuch, den Gesang zu einem Namen zu machen. Er geht vermutlich auf den Regensburger Kanonikus KONRAD VON MEGENBERG zurück, der etwa von 1309–1374 lebte und ein vielgelesenes Werk eines französischen Dominikaners in einer deutschen Übersetzung als „puch der natur" in Umlauf brachte. „Wielewaal" sagen die Flamen, „Rigogolo" die Italiener, „Gylling" Schweden und „Loriot" die Franzosen – verschiedene Zungen im

*Familienwappen Derer von Bülow. Auf dem Helm sitzt der „Vogel Bülow"*

11

gemeinsamen Bemühen, einen Gehöreindruck wiederzugeben.

Und so wird über Umwegen auch offenbar, was unser Vogel mit den berühmten Männchen mit der Knollennase zu tun hat. Als „Vogel Bülow" vor allem im ostelbischen Teil der norddeutschen Tiefebene bekannt, ist der Pirol seines Gesanges wegen der Wappenvogel Derer von Bülow geworden. VICCO VON BÜLOW, um Witz und Scharfsinn nie verlegen, bot sich damit die Möglichkeit für einen klangvollen, einprägsamen und unverwechselbaren Künstlernamen, der längst über Sprachgrenzen hinaus zu einem Symbol geworden ist und jedermann leicht von der Zunge geht: Loriot zeigte seinen Mitbürgern den Weg zum Erfolg, den guten Geschmack und ebensolchen Ton oder lehrte sie Manieren bei Tisch, und viele fragen sich immer noch „Wo laufen sie denn?"

Wohl nur wenige Vögel sind ihres Rufes wegen zu solchen Ehren gekommen!

Doch auch in der Wissenschaft hat die Stimme des Pirols Geschichte gemacht. Als der berühmte schwedische Naturforscher und Arzt CARL VON LINNÉ die zu seiner Zeit bekannten Tiere beschrieb und mit seinem heute noch gültigen System der Nomenklatur (vgl. „Ein Exote in Europa. Die Verwandtschaft") benannte, griff er beim Pirol auf den lateinischen Namen *Oriolus* zurück. Die 10. Auflage seines Werkes „Systema naturae" des Jahres 1758 gilt als die Grundlage heute noch gültiger lateinischer Art- und Gattungsnamen von Tieren.

In einigen modernen wissenschaftlichen Werken ist zu lesen, daß *Oriolus* auf das altfranzösische oriol zurückzuführen sei, das wiederum vom lateinischen aureolus (golden, gelb) abgeleitet wäre.

In Wirklichkeit aber gebührt dem 1193 in Lauingen an der Donau geborenen und 1280 im Dominikanerkloster in Köln gestorbenen ALBERT VON BOLLSTÄDT – der Nachwelt besser bekannt als ALBERTUS MAGNUS – die Ehre, den Namen *Oriolus* in die Literatur eingeführt zu haben. Etwa zwischen 1260 und 1270 hat ALBERTUS Kommentare zur „Geschichte der Tiere" des Aristoteles verfaßt, darunter auch ein Buch über Vögel.

Und hier wird ausdrücklich betont, daß der Name

*Singhaltung*

*Pirolfamilie. Die beiden Jungen sind 9–10 Tage alt*

*Der Pirol in „exotischer" Umgebung Tafel aus „ornithologische Galerie" (1834–1840) nach einer handcolorierten Lithographie von Ch.F. Dubois Oben: Pirolmännchen am Nest (mit Ei). Links unten: Blauracke („Mandelkrähe"), die zwar auch bunt ist, doch nicht einmal zu den Singvögeln zählt. Rechts unten: Gelbnacken-Laubenvogel (Sericulus chrysocephalus), ein Vertreter der mit den Paradiesvögeln verwandten Laubenvögel Australiens und der australasiatischen Inseln, also auch kein Pirol, wie damals fälschlicherweise vermutet.*

*Oriolus* von der charakteristischen Stimme des Vogels abgeleitet sei. Der Vogel und sein Ruf waren also schon mindestens in der Zeit der Scholastik bekannt. Im englischen Sprachbereich ist dann aus dem lateinischen *Oriolus* der Name „Oriole" für die Pirole geworden.

Die Flötenstrophe des Pirols ist übrigens relativ leicht nachzupfeifen, und man kann Pirolmännchen mit einer guten Nachahmung leicht täuschen, besonders in der ersten Maihälfte, wenn sie in ihren Revieren auf Konkurrenten aufpassen müssen. Sie antworten dann und lassen sich manchmal auch regelrecht heranpfeifen.

Aber umgekehrt kann auch der vogelkundige Naturbeobachter zum Narren gehalten werden: Unzeitige Pirolpfiffe im März oder im kleinen Hausgarten oder auf der Straße vor dem Fenster sind in der Regel perfekte Imitationen. Starenmännchen flechten in ihren wechselhaften Gesang gerne Gesangsteile und Rufe anderer Vögel ein, ja sogar Geräusche aus der Umwelt. Pirolpfiffe sind offenbar gebietsweise besonders beliebt, zumal Pfeiflaute feste Bestandteile des Starengesanges sind. So hört man dann aus dem schwätzenden Gesang ganz unvermittelt typische Pirolpfiffe.

Die auffällige Färbung des Männchens drückt sich ebenfalls in vielen Lokalnamen aus, wie Goldamsel, Goldschmätzer, Goldfink oder Gelbamsel. Und wie beim doppeldeutigen „oriolus" als Verballhornung des lateinischen „aureolus" und als Lautnachahmung (s. oben) ist auch der sehr gebildet klingende Name Chlorion eine elegante Mischung aus Lautmalerei und dem griechischen Wort chloros (gelbgrün), das treffend die Grundfärbung des Weibchens wiedergibt.

Auf die späte Rückkehr im Frühjahr schließlich bezieht sich die Bezeichnung Pfingstvogel für den Pirol.

Die auffallende Häufung des Wortes „Bier" in alten Pirolnamen, die schon seit Ende des 15. Jahrhunderts nachweisbar sind, bringt man in Zusammmenhang mit Mai- und Pfingstfesten, die in die Sangeszeit der Pirolmännchen fallen. Feucht-fröhliche Reminiszenzen lassen sich jedenfalls aus Namen wie Bierrolff, Bierholt, Beerhold, Bierroller, Biereule (offenbar von Zechern geprägt, die erst bei Sonnen-

*a. G.*
*Coracias garrula.*

*n. G.*
*Oriolus galbula.*

⅔.
*Europäischer Pirol.*
*Oriolus galbula.*
*Le Loriot.*

⅖.
*Mandelkrähe.*
*Coracias garrula.*
*Le Rollier.*

½.
*Prinzen-Pirol.*
*Oriolus regens.*
*Loriot Prince-Régent.*

aufgang das Feld räumten!), Bierhahn, Bierholer, Bieresel, Biervogel usw. unschwer herauslesen. Aber auch die Nahrung des Pirols interessierte schon seit alters her die Menschen, allerdings nur insofern als ihre eigenen Interessen betroffen waren, denn nur die Früchtenahrung hat zu Namen geführt wie Kirschvogel, Kirschdieb, Kirschdrossel, Feigenfresser, Weindrossel, Maulbeerdrossel. Daß Pirole wenigstens in Mitteleuropa größtenteils von Kleintieren leben, war offenbar weniger wichtig, denn kein Name weist daraufhin.

**Dichtung und Wahrheit aus der Geschichte**

Die Vielfalt der Namen für einen Vogel, der nur wenig mehr als ein Viertel des Jahres bei uns verbringt, läßt unschwer erkennen, wie populär der Pirol in früheren Zeiten war. Das hat sich ganz offenkundig grundlegend geändert, obwohl auch heute noch viele Menschen mühelos die Gelegenheit hätten, zumindest den auffälligen Gesang zu hören und sich einen Vers darauf zu machen. Dichtung und Wahrheit vermengte sich freilich in den frühen Beschreibungen des Pirols und seiner Lebensweise, denn objektive Naturbeobachtung war den Menschen fremd und teilweise auch durch allerlei überlieferte Vorstellungen, von denen man sich offenbar nur schwer frei machen konnte, sehr erschwert. Doch hat sich während und nach der Zeit der Reformation das Interesse an der heimischen Tierwelt stark entwickelt.

Hierbei spielte insbesondere ein Schweizer Autor eine große Rolle, nämlich der umfassend gebildete Gelehrte CONRAD GESNER (1516–1565). Insbesondere sein Vogelbuch war sehr begehrt und in deutscher Übersetzung des lateinischen Originals über 200 Jahre lang ein Nachschlagewerk des deutschen Hauses. GESNER war ein hervorragender Botaniker, aber auch ein typischer Stubengelehrter und Bücherwurm; sein ausgezehrter Körper und die Schwäche seiner Augen hinderten ihn daran, sich in der Vogelkunde praktische Kenntnisse anzueignen. Er sammelte daher neben eigenen Erfahrungen viele Berichte von Korrespondenten. In der letzten verkürzten deutschen Ausgabe seines Vogelbuches, die 1669 in Frankfurt erschien, lesen wir mit Schmunzeln, aber auch mit Anerkennung über das Wissen am Beginn der Neuzeit folgenden

Bericht über den Pirol:
„Von dem Wittewalen. Oriolus.
Von der Gestalt dieses Vogels.
Der Wittewal wird auch Bierolff/Gerolff/Byrolt/
Tyrolt/Kersenrife/ darum weil er reiffe Kirschen
isset/deßgleichen Goldtmerlein genennt/dieweil er
fast den Amseln gleich/oder etwas grösser und
goldfarb ist. Die Flügel sollen/allein am Männlein
schwartz seyn/sonst ist er am gantzen Leib goldgelb/

Geßneri Thierbuch.
Von dem Wittewalen.
Oriolus.

allein daß er an den Flügeln mit blawer oder gelber
Farb vermengt oder gesprengt ist: ihr Schnabel ist
roth. Sie haben drey Zeen vornen/und eine hinden.
Diese Vögel sind der Arth und auß dem Geschlecht
der Spechte.
Von der natur und Eigenschafft/dieses Vogels.
Oriolus wird dieser Vogel von seiner Stimm ge-
nennt/er endert aber dieselbe/und hat offt eine
Stimm wie ein Pfeiff/bevorab wann ein Regen
vorhanden ist. Er kommt mehrentheils im Meyen
zu uns/oder umb den zehenden Tag deß Aprills. In
den warmen Ländern siehet man ihn eher/ als in
etlichen Orthen Franckreichs im Mertzen. Dieser
Vogel pflegt ihn von Wollen ein solch künstliche
Nest zu machen/ daß es sich einem Hut oder Becher
vergleicht/das henckt er gantz subtil zu eusserst
zwischen zwey kleine ästlein oder zweiglein eines
Baums/also/daß man meint es hange allein in der
Lufft/daran läst er einen Eingang/und bedeckt es
vor den Regen/und beschirmet es mit dickem
Laub … Die Wittewallen leben von den Früchten

ORIOLUS.
acrorhyncus. Vig.

der Bäume/als von den Kirschen und Feygen. Er leidet keinen Vogel umb sein Nest. Etliche liegen (gemeint ist: lügen!) von diesem Vogel/daß seine junge in vier Theil zertheilt gebohren werden und von den Eltern mit dem Kraut/Herba Julia oder weiß Aurin genannt/wiederum zusammen gefügt werden. Wann dieser Vogel zu uns kommt/nemlich um den 10. Tag Aprills/verhofft man es werde kein Reiff mehr fallen. Wann er singt wie ein Pfeiff/ verkündigt er einen Regen. Deßgleichen wann er nahe zu den Häusern fliegt. Hieronymus Tragus zehlt diesen Vogel unter die so von den Menschen gessen werden."

Eine knappe moderne Beschreibung des Vogels in seinen verschiedenen Kleidern zeichnet etwa folgendes Bild:

**Der Pirol – genau betrachtet**

Ausgewachsene Männchen: Ober- und Unterseite sind zitronenfarben bis orangegelb, Hinterrücken (Bürzel) und Oberschwanzdecken etwas heller als das übrige Gefieder. Die Schwungfedern und die Flügeldecken, also fast der gesamte Flügel, sind schwarz bis schwarzbraun. Im schwarzen Flügelfeld fällt ein mehr oder minder großer gelber „Spiegel" auf. Er wird von den gelben Spitzenhälften einer Gruppe von Deckfedern gebildet, die man als Große Handdecken bezeichnet. Helle Spitzen der Schwungfedern reiben sich durch Gebrauch der Federn relativ rasch ab. Der Schwanz ist ebenfalls schwarz bis schwarzbraun; die gelben Spitzensäume der Schwanzfedern werden von innen nach außen größer. Zwischen Schnabelbasis und Auge ist ein schwarzer Streifen („Zügelstreifen"), der sich manchmal auch noch hinter dem Auge etwas fortsetzt. Die Regenbogenhaut (Iris) im Auge ist rot, der Schnabel rötlichbraun. Die Füße sind mehr oder minder deutlich erkennbar blaugrau.

Ausgewachsene Weibchen: Die Oberseite ist olivfarben bis grüngrau, manchmal mehr oder minder deutlich gelb überflogen; die Oberschwanzdecken sind gelbgrün. Die Kehle ist weißlichgrau und gestrichelt, ebenso die Brust. Der Bauch ist heller weißlichgrau; die dunkle Strichelung wird nach hinten dünner und spärlicher, sie bleibt nur an den Flanken kräftig. Unterschwanzdecken und Flanken sind gelb bis hellgelb. Die Schwungfedern sind

*Schwarznackenpirol (Oriolus chinensis) aus Asien.*
*Nach einer handcolorierten Lithographie von D. W. Mitchell (um 1845)*

Pirol (*Oriolus oriolus*)

| | |
|---|---|
| Verwandtschaft | Ordnung Sperlingsvögel (Passeriformes)<br>Familie Pirole (Oriolidae) mit 25 Arten, davon 1 in Europa |
| Kennzeichen | Amselgroß<br>Männchen leuchtend gelb mit schwarzen Flügeln und schwarzem Schwanz<br>Weibchen und Jungvögel gelblich grün, fein schwarzgestreifte helle Unterseite |
| Gewicht | Ca. 60 – 100 g |
| Stimme | Gesang flötend „düdlüoh" o.ä.<br>Rufe bei Störung rauh „räi" (ähnlich Eichelhäher)<br>Ruf im Flug hoch „jik jik …" |
| Lebensraum | Baumbewohner in Laubwäldern, Parks, großen Obstgärten, Pappelalleen, seltener in Kiefernwäldern |
| Verbreitung | Brutvogel im Tiefland Süd-, West-, Mittel- und Osteuropas sowie in Teilen Mittel- und Südasiens |
| Wanderungen | Zugvogel<br>Winterquartier der Brutvögel Europas im tropischen Afrika<br>In Mitteleuropa Anfang Mai – Anfang August |
| Nahrung | Insekten, aber auch Beeren und weiche Früchte |
| Brutbiologie | Fortpflanzungsreife normalerweise mit 2 Jahren<br>Korbnest hoch in Bäumen<br>Gelege 3 – 4 Eier<br>Brutdauer 14 – 15 Tage<br>Nestlingsdauer 13 – 20 Tage |
| Beobachtungstip | Im Frühjahr viel häufiger zu hören als zu sehen, daher auf den Gesang in dichten Laubkronen achten<br>Weibchen oft schwer zu entdecken<br>Fast immer in Bäumen oder zwischen ihnen fliegend |

braun, ebenso die Flügeldecken, die aber meist grünlichen Schimmer zeigen. Die dunkelbraunen Schwanzfedern sind teilweise wie mit gelbem Staub überzogen, an der Basis und an der Spitze mehr oder minder ausgedehnt gelb. Der braune Zügelstreif am Kopf ist schwach erkennbar; wie beim Männchen ist die Iris rot. Die Füße sind grau. Jungvögel: Sie ähneln im 2. und 3. Lebensjahr im Aussehen den Weibchen. Wichtige Unterschiede: Die Oberseite ist mehr gelbgrün, die Flügel wirken z.T. grün und braun gescheckt; die dunkle Strichelung der Unterseite ist kräftiger ausgebildet. Der Schnabel ist dunkler als bei Altvögeln bis fast schwarzbraun, ebenso die Iris.

Noch im 3. Lebensjahr ist das prächtige gelbe Gefieder des Männchens meist nicht voll ausgebildet; besonders der Rücken zeigt oft noch mehr oder minder große grünlich überflogene Gefiederpartien.

# Ein Exote

# in Europa

**U**nser Pirol ist streng genommen ein Außenseiter. In Europa gibt es nämlich nur eine Pirolart. Ihre nächsten Verwandten trifft man in Afrika und Asien. Sie gehören alle zu einer eigenen Vogelfamilie, den Pirolen (Oriolidae), deren Mitglieder sich in Gestalt und Größe recht ähnlich sind: Alle sind etwa so groß wie eine Amsel oder nur geringfügig größer und haben einen kräftigen, oft leicht gebogenen Schnabel, der sie als Früchte- und Kleintierverzehrer ausweist. Die Familie zählt zur großen Ordnung der Singvögel, der über die Hälfte der Vögel der Welt angehören.

Der Gesang aller Pirole ist angenehm flötend, allerdings meist relativ kurz. Die meisten Arten verfügen auch über flötende Rufe, lassen aber auch krächzende oder ratternde Laute hören.

DIE VERWANDTSCHAFT

**Nicht alle Singvögel singen**

Die Zugehörigkeit einer Vogelgruppe zu den Singvögeln hängt allerdings nicht davon ab, wie wohllautend für unser Ohr der Gesang klingt. Auch Nicht-Singvögel verfügen über einen Gesang. Der „Ruf" des Kuckuckmännchens, das „Lachen" des Grünspechts oder das „Flöten" des Brachvogels erfüllen die gleiche Aufgabe wie der Gesang der Singvögel und klingen auch nicht weniger angenehm. Andererseits gibt es Singvögel wie etwa die Rabenvögel, deren Lautäußerungen wir keinesfalls den Rang eines Gesang zubilligen würden. Es kommt also nicht auf den Gehöreindruck an, sondern auf anatomische und chemische Merkmale. Letztere spielen in den neuesten Forschungen, den entwicklungsgeschichtlichen Verwandtschaftsverhältnissen der Vögel auf die Spur zu kommen, eine besonders wichtige Rolle.

Unter den anatomischen Merkmalen sind folgende besonders charakteristisch:

– Allen Singvögeln ist ein Flügel aus 9 oder 10 Handschwingen gemeinsam.

– Der Fuß weist immer 4 Zehen auf und ist ganz besonders zum Sitzen und Herumhüpfen auf Bäumen und Sträuchern geeignet.

Die Eroberung der Wälder als Lebensräume mit vielen verschiedenen ökologischen Positionen war also vor allem den Singvögeln vorbehalten. Einige, wie z.B. die Lerchen, haben sich wahrscheinlich sekundär von Baumvögeln wieder zu Bodenvögeln

*Europäischer Pirol: Männchen am Nest mit kleinen Jungen*

offener Landschaften entwickelt und besiedeln weithin baumlose Gebiete und sogar Wüsten.

– Schließlich weist der innere Kehlkopf, der zur Bildung komplizierter Lautfolgen geeignet ist, bei den Singvögeln meist einen besonders verwickelten Bau auf. Die Vogelstimme wird nicht wie unsere menschliche im Larynx, dem Kehlkopf am Beginn der Luftröhre in der Halsregion gebildet, sondern tiefer im Körper an der Gabelung der Luftröhre in die beiden Bronchien, die Luft an die Lunge weitergeben. Man nennt den Apparat, der Vogelstimmen erzeugt, die Syrinx.

Singvögel verfügen über eine besonders vielseitige Syrinxmuskulatur, die für komplizierte Bewegungsfolgen zur Modulation der Luftsäule in der Luftröhre sorgt.

Die meisten Singvögel sind einander äußerlich recht ähnlich, so daß man eigentlich keine Schwierigkeiten hat, einen unbekannten Vogel dieser großen Ordnung zuzuordnen. Doch der Teufel steckt im Detail.

Gerade die große Ähnlichkeit verschleiert oft die wirklichen Verwandtschaftsverhältnisse, wie sie als Folge der Evolution entstanden sind. Wer Vögel nur nach dem Äußeren beurteilt, kann da leicht auf eine falsche Spur geraten, denn ähnliche Lebensweise führt oft auch zu ähnlichem Aussehen. So ist es nicht verwunderlich, daß auch über die Verwandtschaftsverhältnisse der Pirole verschiedene Meinungen vertreten werden, denn es gibt eine Reihe von Vogelgruppen, die ihnen in Aussehen und Verhalten ähneln.

## Pirole zwischen Staren und Krähen?

In vielen Büchern findet man die Familie der Pirole in der Nähe der Stare und der Drongos. Stare haben vor allem in den Tropen der Alten Welt einen großen Artenreichtum. Drongos sind langschwänzige dunkle Vögel der Tropen, die in ihrem Verhalten des Beuteerwerbs unseren Fliegenschnäppern ähneln. Auch die Rabenvögel werden manchmal in die Nähe der Pirole gebracht; manche Systematiker sehen auch Beziehungen zu Würgern und ihren Verwandten.

In die Klassifikation der Vögel sind aber durch die schon erwähnten chemischen Analysen in allerletzter Zeit neue Impulse gekommen.

*Die Drongos (hier Königsdrongo aus Indien), eine tropische Familie von Insektenjägern, zählen zur weiteren Verwandtschaft des Pirols*

Vor kurzem veröffentlichte z.B. der Amerikaner CHARLES SIBLEY die Zusammenfassung seiner jahrelangen Untersuchungen am Erbgut der Vögel, die seit einiger Zeit weltweites Aufsehen erregen. Er und seine Mitarbeiter hatten es vor allem auf Vergleiche der wichtigsten Informationsträger im Erbgut abgesehen, nämlich der Desoxyribonukleinsäuren (DNS). Dieses komplizierte Wort steht für eine sehr komplizierte und aufwendige Labortechnik, der wir uns hier nicht weiter zuwenden wollen. Aber die Ergebnisse der Untersuchungen, die sicher noch nicht das letzte Wort darstellen, sind interessant.

Im Vergleich der DNS stehen sich Rabenvögel, Paradiesvögel und Pirole am nächsten. Zu dieser Gruppe zählen auch noch die Schwalbenstare, wie die Paradiesvögel eine Vogelgruppe in Australasien. Sie haben allerdings weder mit Schwalben noch mit Staren etwas zu tun. Manche deutsche Namen sind eben nur Verlegenheitslösungen und sagen über die wirkliche Verwandtschaft ihrer Träger nichts aus.

Zur weiteren Verwandtschaft der Pirolfamilie zählen nach diesem neuen Ansatz übrigens andere Vogelgruppen aus dem indo-malayischen Bereich sowie aus Australien und nahegelegenen Inseln, darunter auch die Drongos. Die Stare dagegen werden in eine ganz andere Gruppe eingereiht.

Dieses Ergebnis moderner chemischer Analysen kommt keineswegs überraschend. Daß der Pirol in Europa nur nähere Verwandte unter den Rabenvögeln hat, die ohnehin in der ganzen Welt vorkommen, sonst aber etwas isoliert dasteht, läßt sich auch aus der weltweiten Pirol-Geographie ableiten, die im folgenden Abschnitt behandelt wird.

Wer ist alles ein Pirol und wieviele Pirole gibt es auf der Welt?

**Wer ist ein Pirol?**

Erstaunlicherweise läßt sich auch diese Frage nicht ganz so eindeutig beantworten, wie man auf den ersten Blick meinen möchte.

Der Grund dafür liegt in der Tatsache, daß die Evolution, in deren Verlauf immer wieder neue Pflanzen- und Tierformen entstanden sind, mit dem heutigen Tag nicht aufgehört hat. Wir können also nicht erwarten, in jedem Fall bereits abgeschlosse-

*Männchen und Weibchen am Nest auf einer hohen Esche*

ne Artbildungsprozesse vorzufinden und alles, was auf der Erde kreucht und fleucht, in sauber getrennte Schubfächer einordnen. Außerdem können wir nicht einfach in die erdgeschichtliche Vergangenheit schauen, sondern müssen viele Entwicklungen mühsam aus heutigen Befunden rekonstruieren. Oft genug fehlen uns für entscheidende Fragen Unterlagen und Beweismittel, und oft werden die vorhandenen Anhaltspunkte von den Experten verschieden interpretiert und gewichtet.

So schwankt in einzelnen Übersichten die Zahl der Vogelarten, die man zur Familie der Pirole rechnet, zwischen 25 und 28. Einige Mitglieder der Gruppe sind offensichtlich sehr nahe miteinander verwandt, so daß man sie mitunter zu wenigen Arten zusammenfaßt.

Dadurch ergeben sich unterschiedliche Artenzahlen in einzelnen Büchern. Die meisten, nämlich 24 – 25 Arten, werden üblicherweise in einer Gattung *Oriolus* zusammengefaßt.

Gattungen sind keine natürlichen Gebilde, sondern Versuche, nahe verwandte, genauer gesagt von einem gemeinsamen Vorfahren in nicht allzugroßer Vergangenheit abstammende Arten zusammenzufassen.

Unter den Pirolen rechnet man den etwas abweichenden Feigenpirol Australiens zu einer eigenen Gattung *Sphecotheres*. Manche Ornithologen meinen, daß es sich um verschiedene Arten von Feigenpirolen auf den einzelnen Inseln im Norden Australiens handelt. Möglicherweise sind auch zwei herrlich blau und türkisfarbene Baumvögel des tropischen Asiens und der Philippinen nichts anderes als Pirole, die vom Grundtypus der Familie etwas abweichen. Man billigt ihnen aber heute noch den Rang einer eigenen Familie zu, die den deutschen Namen Feenvögel (Irenidae) trägt.

Die Männchen des europäischen Pirols und 5 nahverwandter afrikanischer und einiger asiatischer Pirole tragen ein leuchtend gelbes Gefieder mit schwarzen Abzeichen, meistens am Kopf, an den Schwungfedern und am Schwanz.

Gelb und olivgrün sind die Grundfarben des in den Bergwäldern Ostafrikas lebenden Grünkopfpirols.

Pirole müssen oft Akrobaten sein, um zum Trinken zu kommen. Nur relativ wenige Vögel trinken übrigens mit geschlossenem Schnabel und saugen wie durch einen Trinkhalm die Flüssigkeit ein

Der australische Feigenpirol mit seinen verschiedenen Inselformen ähnelt dagegen mehr der Färbung unseres Pirolweibchens mit stumpferem Grün und vielen Stricheln. Er hat einen auffallend kurzen Schnabel und um das Auge eine unbefiederte nackte Stelle.

Im australasiatischen Inselreich gibt es auch schwarz-rote und fast ganz schwarze Pirole. Der Mohrenpirol hat z.B. nur kastanienfarbige Unterschwanzdecken als Farbtupfer im schwarzen Gefieder.

Fast bei allen Arten sind die Weibchen unauffälliger gefärbt als die Männchen. Die erwachsenen Jungvögel ähneln im Gefieder den Weibchen.

Eine Sonderstellung nehmen einige Inselpirole ein, die offenbar spezielle Anpassungen darstellen und von Arten des nahen Festlandes oder einer größeren Insel abstammen.

So hat der Fahlbrustpirol auf der Insel Sao Thome vor der Küste Westafrikas kaum Gelb im Gefieder wie seine offensichtlich nahen Festlandsverwandten und vor allem abnorm kurze und runde Flügel. Er muß ja auch keine weiten Strecken fliegen.

Der Buru-Pirol auf den Molukken hat den schwarzen Gefiederfarbstoff seiner Verwandten verloren und ist ein unauffälliger brauner Vogel geworden.

Alle Pirole sind typische Baumvögel, die von Insekten und anderen Kleintieren sowie von Früchten leben. In den Tropen haben es Früchtefresser natürlich leichter als für sie in höheren Breiten, da für sie der Tisch fast das ganze Jahr über gedeckt ist. Beim Feigenpirol und seinen Verwandten machen Früchte sogar den Hauptanteil der Nahrung aus. Der afrikanische Maskenpirol saugt auch Nektar aus Blüten.

Im Gegensatz zu vielen Vogelarten, die Wasser mit dem Schnabel schöpfen und durch Kopfheben in die Speiseröhre laufen lassen, saugen Pirole beim Trinken mit geschlossenem Schnabel das Wasser ein. Jedenfalls hat man dieses Verhalten in einigen Fällen beobachtet.

Die Nester der Pirole stehen alle hoch in Bäumen und bilden tiefe Schalen aus verflochtenem Material, wie Gras oder Flechten. Meist sind sie durch Umschlingen von Trageästen in Astgabeln oder an waagerechten Zweigen aufgehängt.

*Weibchen des indischen Pirols*

Die Feigenpirole machen auch hier wieder eine Ausnahme: Ihr etwas schlampig zusammengefügtes Nest sitzt in einer Astgabel.

Mehrere Ornithologen haben sich eingehend mit der Brutbiologie des europäischen Pirols befaßt. Über die meisten der tropischen Arten ist dagegen fast nichts bekannt. In dichten tropischen Wäldern ist es außerordentlich schwierig, in den Baumkronen lebende Vögel überhaupt richtig zu sehen, geschweige denn, ihr Verhalten eingehend zu beobachten.

**GEOGRAPHIE EINER VOGELFAMILIE**

Das Brutgebiet des europäischen Pirols (*Oriolus oriolus*) reicht von Nordwestmarokko über Südwesteuropa (Spanien, Frankreich) und Südeuropa (Italien, Griechenland und Balkanländer) nach Mittel- und Osteuropa. Die Nordgrenze läuft in Europa derzeit durch Großbritannien, Dänemark, Südschweden und Südfinnland.

Allerdings darf man sich die Grenze des Gebietes, das eine Vogelart besiedelt, nicht als starre Linie vorstellen. Vorstöße und Rückzüge markieren kurzfristige Schwankungen der Witterung oder Veränderungen der Lebensbedingungen, aber auch Fluktuationen des Bestandes einer Tierart. Besonders die beweglichen Vögel zeigen oft sehr rasche Änderungen ihrer Verbreitungsgrenzen, die aber häufig nur von kurzer Dauer sind.

*♂ erspäht Raupe*

**Vorstöße nach Norden**

Beim Pirol sind Grenzschwankungen besonders am Nordrand seines Brutgebietes interessant, weil der Vogel in erster Linie auf warme Sommer angewiesen ist und damit auf mögliche Klimaschwankungen reagiert. Im allgemeinen gilt die 17°C-Juli-Isotherme als die Linie, die das Existenzminimum der Temperatur für den Pirol anzeigt. Ein mittlerer Anstieg der Sommertemperaturen und besonders die milden Frühlingstemperaturen seit Ende des vorigen Jahrhunderts sind wahrscheinlich die Ursache eines allmählichen Vorstoßes nach Norden.

Besonders gut dokumentiert ist die Geschichte der Ausbreitung in Dänemark und Südschweden. Ab Mitte des 19.Jahrhunderts wanderte der Pirol als Brutvogel in die Halbinsel Jütland ein und besetzte kurz vor der Jahrhundertwende auch die südlichen dänischen Ostseeinseln. Etwa um 1920 ist auch die Nordhälfte der großen dänischen Insel Seeland erreicht und nach Südschweden wird es nur noch ein kleiner Sprung. 1932 tauchen Pirole auch tatsächlich an der Südspitze Schwedens auf, in den 40er Jahren sind weitere Ausbreitungen zu beobachten. Allerdings ist die Piroldichte an diesen nördlichsten Brutplätzen auch heute noch sehr gering.

Man nimmt daher an, daß vor allem Pirole, die bei günstigem Frühjahrswetter auf ihrem Heimzug aus dem tropischen Winterquartier etwas übers Ziel hinausschießen, einen nicht unerheblichen Teil dieser Grenzsiedler ausmachen (vgl. „Wanderungen und Winterquartiere"). Mindestens einmal hat sich ein Pirol sogar schon bis nach Island verflogen.

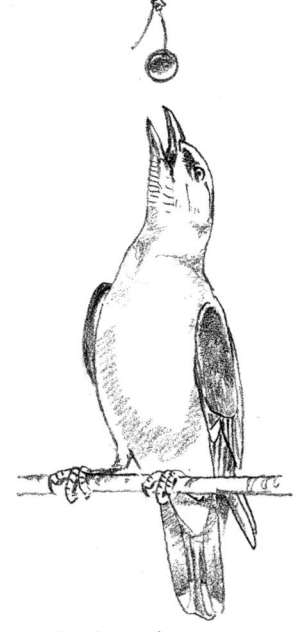

♂ holt sich Kirsche

In Großbritannien und Irland, Ländern mit einer sehr großen Zahl und langer Tradition von Vogelbeobachtern, ist das Vorkommen des Pirols besonders eingehend verfolgt worden. Der Vogel gilt nach wie vor als eine große Seltenheit. In den 10 Jahren zwischen 1958 und 1967 wurden z.B. pro Jahr im Durchschnitt nur 26 über den Kanal gewanderte Pirole registriert. Ein Teil von ihnen blieb auch da, um zu brüten. So beobachtete man in den 50er und zunehmend in den 60er Jahren Bruten im Süden Englands und vor allem seit 1967 ein stetiges Anwachsen der registrierten Brutpaare. 1974 gelang schließlich der erste Brutnachweis in Schottland. Ob solche Entwicklungen der Beginn einer langfristigen Ausbreitung sind, muß allerdings fraglich bleiben, denn die Zeiträume, in denen wissenschaftlich vergleichbar Vögel beobachtet und gezählt werden, sind für die Beantwortung vieler Fragen noch zu kurz.

Brüteten z.B. im Jahr 1975 in Großbritannien maximal 7 Paare an 4 Plätzen. Ihre Zahl stieg bis 1979 auf 30 Paare an 17 Plätzen an, doch waren die Maximalzahlen 1984 und 1985 wieder auf 17 bzw. 15 Paare an 10 – 12 Plätzen gesunken.

Alte Namen deuten andererseits daraufhin, daß schon im späten Mittelalter bis zu Beginn der Neuzeit Pirole in England nicht selten waren, dann offenbar aber wieder völlig verschwanden. Sicher brütete der Pirol in sehr kleiner Anzahl auch um die

Mitte und in der zweiten Hälfte des 19. Jahrhunderts in der Grafschaft Kent, um dann wieder sehr selten zu werden oder ganz zu verschwinden und sich erst nach 1945 wieder erneut anzusiedeln.

Auch in Südschweden wurde im 19. Jahrhundert bereits ein Vorstoß registriert.

So ist also die neueste Entwicklung vielleicht nur eine Wiederholung von ähnlichen Ereignissen der Geschichte und daher möglicherweise nicht der Beginn einer völlig neuen Phase in der Pirolgeographie, etwa der Eroberung des Nordens durch einen Exoten.

Die heutige Verbreitung des Pirols bedeutet daher das Ergebnis einer durchaus wechselvollen Geschichte und stellt nur eine Momentaufnahme dar, die zur Vorsicht bei Prognosen mahnt.

Wahrscheinlich ist das Vorrücken des Pirols über Mitteleuropa nach Norden im Zusammenhang mit der Klimaentwicklung nach der letzten Eiszeit zu sehen. Viele Vogelarten dehnten ihr Verbreitungsgebiet bis ins 20.Jahrhundert hinein immer noch nach Norden aus. Dies sieht man teilweise als das letzte Abklingen der nacheiszeitlichen Besiedlung geeigneter Räume an.

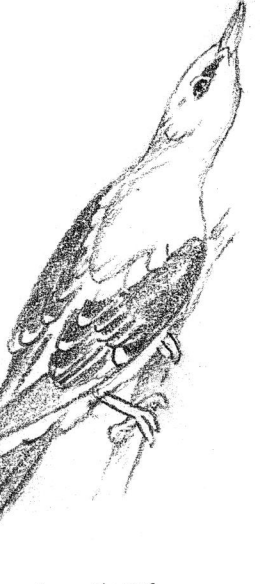

*♂ erspäht Käfer*

Andererseits darf man nicht außer acht lassen, daß der Mensch in den letzten tausend Jahren und ganz besonders seit etwa 150 Jahren das Bild der Landschaft entscheidend verändert hat. Für den Pirol sind vor allem die durch den Menschen verursachten Veränderungen des Waldkleides Mitteleuropas und des südlichen Nordeuropa entscheidend gewesen.

Auch innerhalb der Grenzen des auf der Übersichtskarte markierten Brutgebietes siedeln Pirole in sehr unterschiedlicher Dichte. Viele Gebiete, z.B. waldlose Ebenen im Hinterland der Küsten, höhere Mittelgebirge und Hochgebirge sind ganz ausgespart. Zumindest am Nordrand der Alpen scheint die magische Grenze, über der sich auf Dauer kaum eine Pirolansiedlung halten kann, bei 600 m Meereshöhe zu liegen. Aber auch am Südfuß der Alpen siedelt die Masse der Pirole unterhalb dieser Höhe, wenn auch einzelne Brutpaare bis 800 oder gar 1000 m vermutet und gelegentlich nachgewiesen werden.

**Bestand und Siedlungsdichte**

*Hier sieht man besonders deutlich den starken, nach hinten verlängerten, schwarzen Augenstrich des indischen Pirols, der im Unterschied zu seinem europäischen Vetter auch nicht selten von Blütennektar lebt*

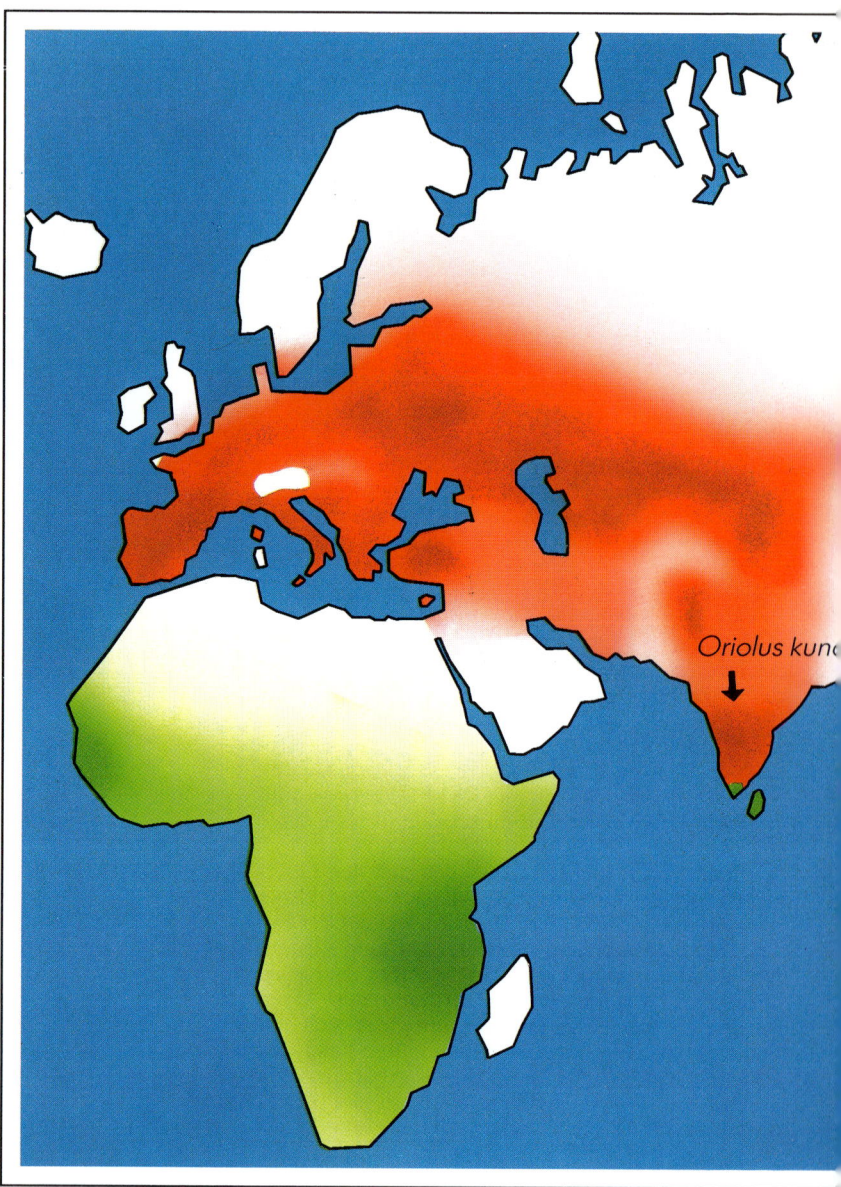

Oriolus kun

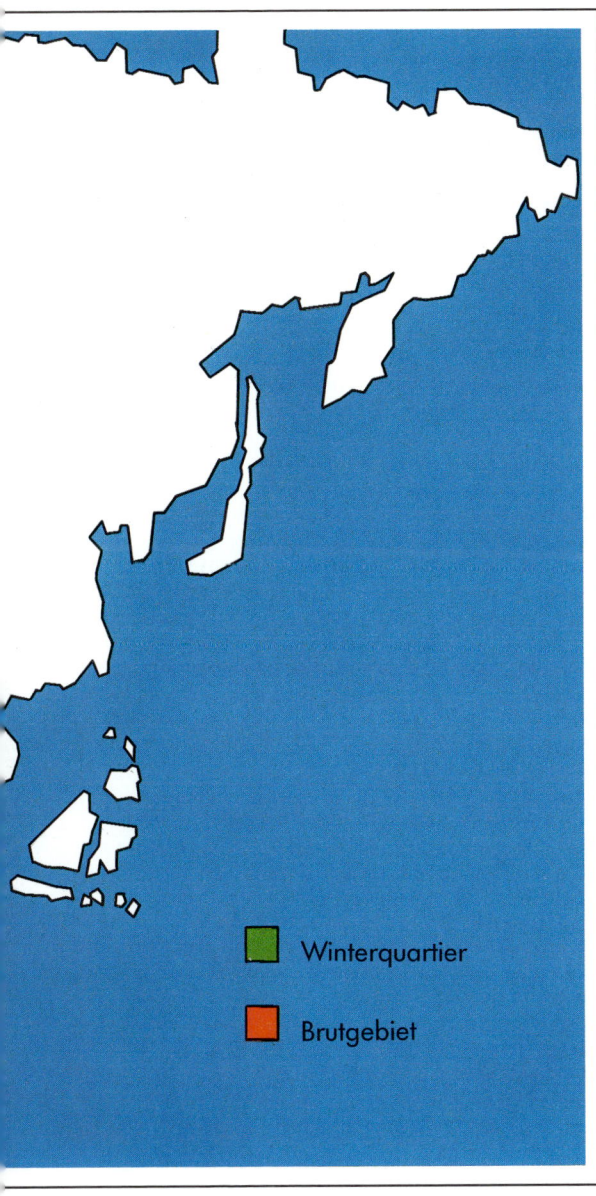

Winterquartier

Brutgebiet

*Die Welt des Pirols:
Brutgebiet und Winter-
quartier*

Im einzelnen sind die Verhältnisse selbst inmitten des Brutareals keineswegs konstant. Neuerdings hat der Bestand in vielen Teilen Mitteleuropas sicher abgenommen; hierauf wird bei in der Behandlung der Fragen des Schutzes dieses schönen Vogels noch zurückzukommen sein (s. „Pirol und Naturschutz").

Doch erhebliche Schwankungen von Jahr zu Jahr machen es schwer, aus der Erfassung von Stichproben auf langfristige Trends zu schließen.

Der Mecklenburger Experte KLAUS-DIETER FEIGE, der die bisher umfassendste wissenschaftliche Monographie über den Pirol veröffentlicht hat (vgl. Literaturverzeichnis), errechnet z.B. für Mitteleuropa aus den Ergebnissen der letzten Jahrzehnte die Jahre 1956, 1967 und 1979 als Spitzenjahre mit überdurchschnittlich vielen Brutpaaren, während 1954, 1964, 1976 und 1984 die Zahl der besetzten Pirolreviere sicher deutlich unter dem langjährigen Durchschnitt lag.

KLAUS-DIETER FEIGE versuchte auch, für größere Gebiete die Zahl der Brutpaare hochzurechnen. Er kommt z.B. für Mecklenburg auf einen gegenwärtigen Bestand von etwa 4800 und für die ganze DDR von etwa 18500 Brutpaaren. Das würde bedeuten, daß man im Durchschnitt nur ein Paar für etwa 6 km$^2$ oder 1,7 – 1,8 Paare pro 10 km$^2$ rechnen kann. Natürlich ist die wirkliche Verteilung je nach dem Angebot an geeigneten Lebensräumen sehr ungleichmäßig.

Mittlerweile haben viele emsige Arbeitsgruppen von Ornithologen, die ihre Freizeit der systematischen Beobachtung der Vögel widmen, recht interessantes Zahlenmaterial zusammengetragen, das auch für die Pirol-Geographie aufschlußreiche Erkenntnisse liefert. Hier einige Beispiele:

Während im rund 500 m hoch gelegenen München der Pirol aus den dortigen großen und weithin berühmten Parks, wie dem Englischen Garten und dem Nymphenburger Park seit Mitte der 70er Jahre als Brutvogel verschwunden ist, konnten z.B. in Westberlin bei einer Brutvogelkartierung in den Jahren 1976 – 1983 im Durchschnitt 80 – 120 besetzte Reviere jährlich ermittelt werden. Das entspricht etwa 1,7 – 2,5 Revieren pro 10 km$^2$ und liegt damit etwas oberhalb des Bereiches der Werte

*Pirole lieben Wasser. Ein Pirol kommt zum Lotusteich eines indischen Tempels herunter*

*Ein Verwandter aus dem tropischen Asien: Der Schwarzkopfpirol (Oriolus xanthornis)*

für die DDR. Im thüringischen Bezirk Gera, dessen Oberfläche 200 – 800 m hoch liegt und damit von vornherein viele nicht oder nur dünn besiedelte Flächenanteile aufweist, ermittelte man dagegen Ende der 70er Jahre nur etwa 0,5 – 0,6 Paare pro 10 km$^2$. Für die klimatisch milden Niederlande an der Nordwestgrenze des Verbreitungsgebietes schätzte man neuerdings mindestens 7000 Brutpaare; das wären mehr als 2 Paare pro 10 km$^2$.

Demgegenüber ist Dänemark als einer der nördlichen Vorposten, wie schon oben angedeutet, sehr dünn besiedelt. Die Anfang der 70er Jahre geschätzten 200 – 400 Brutpaare ergeben nur eine Dichte von 0,05 – 0,09 Paaren pro 10 km$^2$, also höchstens ein Zwanzigstel des Wertes der norddeutschen Tiefebene in Mecklenburg (vgl. oben).

In manchen Teilen Mitteleuropas scheint neuerdings wohl als Folge der Umgestaltung der Landschaft eine nicht unerhebliche Verringerung des Bestandes eingetreten zu sein. Für das Rheinland wurde bis 1960 z.B. der Gesamtbestand in die Größenklasse 1000 – 10000 Paare eingestuft; seither dürfte die Zahl der Brutpaare sich nur noch zwischen 100 und 1000 bewegen. In Baden-Württemberg hat man Anfang der 70er Jahre auf 3000 Brutpaare jährlich hochgerechnet. Ein Jahrzehnt später dürfte der Bestand bei weitem nicht mehr erreicht worden sein. Änderungen können also sehr rasch eintreten.

**Die Grenzen im Süden**

In wärmeren Gebieten hätte es der Pirol vom Klima her leichter als im nördlichen Mitteleuropa. Doch vor allem in trockenen Bereichen fehlen die Wälder, zu deren Verschwinden vor allem im Mittelmeergebiet auch der Mensch schon seit fast 2000 Jahren in großem Ausmaß beiträgt. Die verheerenden Waldbrände, die jeden Sommer mit schöner Regelmäßigkeit an sonnigen Ferienküsten aufflammen, vernichten neuerdings Biotope, die auch Pirole besiedeln.

Schon nördlich des großen Wüstengürtels von Westafrika bis Vorderasien erreicht der Pirol seine Verbreitungsgrenze. Und wie im Norden sind auch im Süden die Randzonen des Brutgebietes nur schwach besetzt. Auch manche Fragezeichen sind noch zu setzen.

Während im Westen Marokkos die Art den Boden Afrikas als Brutvogel noch erreicht, fehlen aus Tunesien sichere Brutnachweise. Pirole werden hier im Mai beobachtet, doch Junidaten fehlen. Also handelt es sich doch wohl nur um Durchzügler. Weitere Vorposten scheinen auch nur dünn besiedelt zu sein, so z.B. Sizilien. Für Zypern gibt es bis jetzt nur 2 sichere Brutbelege; der Pirol muß für die Insel als seltener Brutvogel gelten, während er in Kleinasien in geeigneten Lebensräumen offenbar noch recht häufig ist. Auch in Griechenland nimmt der Pirol von Norden nach Süden stark ab, so daß nicht einmal sicher ist, ob er noch regelmäßig auf der Peloponnes brütet und wohl auch auf Kreta, wenn überhaupt, dann nur sehr selten brütet.

Weiter nach Osten ist die Verbreitung und Häufigkeit weitgehend unbekannt. Sicher sind große Teile des riesigen Areals nur dünn besiedelt oder ganz ausgespart. Offenbar erreicht unser Pirol noch die Dsungarei am Westrand des chinesischen Staatsgebiets, die Westmongolei und das Jenisseital.

## Die indischen Pirole

Die Pirole, die südlich des Himalaya vom südlichen Afghanistan, Kaschmir und Nepal über den größten Teil der riesigen vorderindischen Halbinsel verbreitet brüten, unterscheiden sich geringfügig von ihren europäisch-nordasiatischen Artgenossen. Neben kleinen, oft nicht immer sicher erkennbaren Färbungsunterschieden – z.B. haben die Männchen öfters einen auch hinter dem Auge sich fortsetzenden schwarzen Gesichtsstreifen als die Europäer – ist der Flügel dieser Pirole etwas kürzer. Sie müssen bei weitem nicht so lange Strecken ins Winterquartier zurücklegen wie die Europäer und Nordasiaten. Sie ziehen lediglich in den Süden der Halbinsel und in den Norden Sri Lankas; einige wandern auch überhaupt nicht. Ein ähnlich langer Flügel wie für einen Langstreckenzieher brauchte sich also nicht zu entwickeln; möglicherweise hat der kürzere Flügel auch den Vorteil größerer Wendigkeit im dichten Laubdach der Bäume. Der Schnabel der indischen Pirole ist dagegen im Mittel etwa 3 – 4 mm länger als der bei Brutvögeln Europas, und seine Spitze ist etwas stärker gekrümmt. Solche kleinen Unterschiede können durchaus eine wichtige Anpassung an die besondere Ernährung darstellen. Indische Pirole leben mehr als ihre Artgenossen in Europa und Nordasien von Früchten und saugen auch regelmäßig Blütennektar aus langen Blütenkelchen.

Teile des Bestandes einer Art, die man auch als Populationen (vom Lateinischen populus = Volk) bezeichnet, in verschiedenen Gebieten des Brutgebiets können sich in bestimmten Merkmalen voneinander konstant unterschieden. Solche geographisch einander ausschließende Populationen, die auch kaum in Kontakt miteinander kommen, veranlassen Taxonomen häufig zur Unterscheidung von Unterarten oder geographischen Rassen. Man kennzeichnet solche Unterarten durch einen eigenen Namen. Er wird als drittes Wort an den zweiteiligen Artnamen angehängt. Das erste, großgeschriebene Wort bezeichnet die Gattung (*Oriolus*), das zweite, kleingeschriebene die Art (*oriolus*) und das dritte, ebenfalls kleingeschriebene die Unterart.

Die Art Pirol, *Oriolus oriolus*, bewohnt also in zwei äußerlich zumindest durch Maße und Färbungsunterschiede mehr oder minder sicher trennbaren Unterarten ihr großes Verbreitungsgebiet:

Die Unterart *Oriolus oriolus oriolus* besiedelt Europa und das nördliche Asien; die indische Form wird davon als Unterart *Oriolus oriolus kundoo* unterschieden.

Es ist teilweise Geschmackssache, ob man geringfügige Unterschiede innerhalb einer Art benennen will, und daher nicht immer nötig, sich dreiteilige Wortungetüme als Vogelnamen zu merken. Die Unterschiede zwischen Unterarten sind meistens so geringfügig, daß man sie in der Freilandbeobachtung in der Regel gar nicht erkennen kann. Wie oben schon angedeutet, ist es manchmal auch nicht leicht, zu entscheiden, ob zwei ähnliche Vogelformen zwei verschiedene Arten oder lediglich zwei Unterarten einer Art darstellen.

Besonders bei Formen auf nebeneinander liegenden Inseln im Meer oder Biotopinseln auf dem Festland läßt sich manchmal keine eindeutige Entscheidung fällen.

Da auch in anderen Teilen des großen Verbreitungsgebietes Pirole voneinander geringfügig ab-

*Die in Indien lebenden Pirole der Rasse kundoo haben einen etwas längeren Schnabel als ihre europäischen Artgenossen. Beim Männchen ist der schwarze Strich durchs Auge nach hinten verlängert*

46

weichen, wurden schon verschiedene Unterarten beschrieben, meist aber dann auch wieder verworfen. Bei den *kundoo*-Pirolen Indiens ist vor allem interessant, daß die Unterschiede in der Gestalt, also morphologische Merkmale, als Anpassung an den besonderen subtropisch-tropischen Lebensraum interpretiert werden können. Indien ist das einzige Gebiet, in dem „unser" Pirol als Brutvogel die Tropen erreicht.

**Die Pirole der Welt**  Die übrigen Pirolarten der Welt verteilen sich mit einer Ausnahme ganz auf die warmen und heißen Gebiete der Alten Welt, also Afrika, Asien und Australien mit vielen australasiatischen Inseln. Hier eine kurze Übersicht:

**Schwarzohrpirol** (*Oriolus auratus*)
Afrika von Senegal bis Äthiopien und Uganda, dann südwärts durch Ostafrika, Ost- und Südzaire, Sambia und Angola bis zum mittleren Südafrika

**Schwarznackenpirol** (*Oriolus chinensis*)
Asien östliches Himalayagebiet einschließlich Ostnepals, China nordwärts bis zur Mandschurei einschließlich des südlichen Mittel- und Ostsibiriens, ferner Korea, Taiwan, Philippinen, Celebes, Molukken, Bali, Java, Borneo, hinterindische Halbinsel

**Grünkopfpirol** (*Oriolus chlorocephalus*)
Gebirge Ostafrikas von Südost-Kenia und Nordost-Tansania bis Mocambique

**Fahlbrustpirol** (*Oriolus crassirostris*)
Insel Sao Thome vor Westafrika

**Blauflügelpirol** (*Oriolus brachyrhynchus*)
Afrika von Sierra Leone bis Süduganda und Westkenia und südwärts bis Nordangola, Mittel- und Nordost-Zaire

**Maskenpirol** (*Oriolus larvatus*)
Afrika von Südsudan, Südäthiopien und Somalia durch Ostafrika, Zaire und Sambia bis Angola, Botswana, Rhodesien und Südafrika

**Bergpirol** (*Oriolus percivali*)
Afrika Bergwälder in Nordost-Zaire, Uganda, Tansania und Kenia. Von manchen Autoren nicht als eigene Art angesehen.

**Mönchspirol** (*Oriolus monacha*)
Äthiopien

**Gabunpirol** (*Oriolus nigripennis*)
Afrika von Sierra Leone bis Uganda und Sudan; südwärts durch Gabun bis Nordangola und Mittelzaire; Insel Fernando Po

**Schwarzkopfpirol** (*Oriolus xanthornus*)
Asien Sri Lanka, Indien; ostwärts durch Burma und Thailand bis Indochina und Nordmalaysia; ferner Andamanen, Nordsumatra, Nordborneo und vorgelagerte kleine Inseln

**Mohrenpirol** (*Oriolus hosii*)
Gebirge von Borneo

**Rotbrustpirol** (*Oriolus cruentatus*)
Halbinsel Malaya, Sumatra, Nordborneo und Java

**Blutpirol** (*Oriolus traillii*)
Himalayagebiet ostwärts bis Südwest-China und durch Burma und Thailand bis Indochina; Taiwan

**Seidenpirol** (*Oriolus mellianus*)
Südchina

**Gelbmantelpirol** (*Oriolus xanthonotus*)
Halbinsel Malaya, Sumatra, Java, Borneo, Philippinen

**Weißzügelpirol** (*Oriolus albiloris*)
Philippinen (Luzon). Von manchen Autoren nicht als eigene Art angesehen.

**Isabellapirol** (*Oriolus isabellae*)
Philippinen (Nordluzon)

**Streifenpirol** (*Oriolus sagittatus*)
Australien Norden und Osten bis in den Süden; im Süden Neuguineas

*Farbtafel Seite 50:*
*Pirole des Afro-Asiatischen Raumes*
*(nach Bälgen der Landessammlung für Naturkunde, Karlsruhe und des Museum Alexander Koenig, Bonn)*

*Farbtafel Seite 51:*
*Pirole des Austral-Asiatischen Raumes*
*(nach Bälgen der Landessammlung für Naturkunde, Karlsruhe und des Museum Alexander Koenig, Bonn)*

Schwarzkopfpirol

Schwarz-
nacken-
pirol

Streifenpirol

Blutpirol

Rotbrustpirol

Weick 89

Blauflügelpirol

Schwarzohrpirol

Grünkopfpirol

Seidenpirol

Gelbmantelpirol

Weick 89

51

**Grantpirol** (*Oriolus szalayi*)
Neuguinea und einige nahegelegene Inseln

**Halmaherapirol** (*Oriolus phaeochromus*)
Molukken (Halmahera)

**Burupirol** (*Oriolus buruensis*)
Molukken (Insel Buru) und Tenimber-Inseln

**Finschpirol** (*Oriolus viridifusca*)
Inseln Timor und Wetar

**Forstenpirol** (*Oriolus forsteni*)
Molukken (Insel Ceram)

**Mangrovepirol** (*Oriolus flavocincta*)
Nordaustralien, im Süden Neuguineas und einige
weitere Inseln

**Feigenpirol** (*Sphecotheres viridis*)
Nordaustralien und Ostaustralien bis Sydney; im
Süden Neuguineas. Von manchen Autoren werden
mehrere Arten unterschieden.

Aus dieser Übersicht geht hervor, daß es von den 26
Pirolarten der Welt außer unserem europäischen
Pirol nur noch der ähnliche Schwarznackenpirol
geschafft hat, weit über die Subtropen hinaus nach
Norden in die höheren Breiten vorzudringen. Er
erreicht in China den Amurbogen und noch etwas
darüber hinaus ostsibirischen Boden bis etwa 50
nördlicher Breite. Das würde etwa der Breite von
Frankfurt und Bayreuth entsprechen, liegt also
deutlich südlicher als die Nordgrenze des europäischen Pirols. Wenn man jedoch die klimatischen
Verhältnisse vergleicht, ist es natürlich nicht weiter
verwunderlich, daß Pirole im milderen Europa
weiter nach Norden vorstoßen können als am
Ostrand des riesigen eurasiatischen Kontinents.
Schwarznackenpirole sind natürlich auch Zugvögel; sie überwintern im Süden Asiens von Sri Lanka
bis Südwest-China.
Auf der Südhalbkugel erreicht an der Ostküste
Australiens der Feigenpirol im Süden des Kontinents Klimagebiete, die sich mit denen Europas
nördlich der Alpen noch vergleichen lassen.

Und der afrikanische Maskenpirol kommt noch an der Südspitze Afrikas in einem Klima vor, das dem des Mittelmeergebietes ähnlich ist.

Alle anderen Arten sind auf warme Gebiete, vorzugsweise in den Tropen Afrikas und Asiens sowie auf den warmen Norden Australiens und die tropische Insel Neuguinea beschränkt.

Dabei ergibt sich eine interessante Schwerpunktbildung:

**Pirolzentrum Malaiische Inseln**

Das große Afrika weist südlich der Sahara 8 Pirolarten auf, von denen allerdings 2 ein sehr kleines Verbreitungsgebiet besiedeln:

Eine Art ist auf die westafrikanische Insel Sao Thome und die andere auf das Hochland von Äthiopien beschränkt. Das festländische Südasien weist immerhin 7 Arten auf, davon 4 im Himalayagebiet und in Vorderindien, 4 auf der hinterindischen Halbinsel einschließlich Malaya und 3 im Süden Chinas.

Auffallend ist aber die Zahl der Arten auf den Inseln zwischen Asien und Australien. Wenn man Neuguinea mit seinen 4 Arten nicht mitzählt, kommt man auf nicht weniger als 11 Pirolarten, von denen allein 5 auf Borneo und 4 auf den Molukken leben. 2 Arten kommen nur auf der Philippineninsel Luzon, 3 nur auf den Molukken und je eine nur auf Borneo und den kleinen Sundainseln vor.

Die Pirolfamilie hat hier also auffallend viele Inselarten mit sehr kleinem Verbreitungsgebiet ausgebildet. Viele dieser Arten sind nahe verwandt. Die Arten auf Neuguinea und in Australien werden von manchen Ornithologen von den Pirolen Asiens und Afrikas abgetrennt. Zumindest der Feigenpirol Australiens ist sicher eine den übrigen Arten der Familie etwas ferner stehende Form, die eine Reihe von Unterarten entwickelt hat, die von manchen Fachleuten auch als eigene Arten betrachtet werden.

Diese Verteilung der Pirolarten legt den Schluß nahe, daß die Familie in den Tropen und hier wiederum in Südostasien mit Schwerpunkt im malaiischen Archipel ihren Ausgang genommen hat.

Unser Pirol ist also in der Tat ein Exote in Europa! Amerika hat keine Pirole. Auch die vogelartenreichsten Gebiete der Welt in den Tropen Südamerikas hat kein Angehöriger dieser Vogelfamilie erreicht. Trotzdem gibt es „Orioles" in Amerika. Aber das sind Vögel aus der Familie der Stärlinge (Icteridae), die wahrscheinlich mit den Ammern näher verwandt sind. Die Männchen einiger Arten, z.B. des bekannten „Baltimore Oriole", tragen gelbes bzw. orangefarbenes Gefieder mit schwarzen Partien an Kopf und Brust; auch Flügel und Schwanz sind meistens schwarz. Die Farbverteilung erinnert also ein wenig an den europäischen Pirol. Dies mag zur Namensgebung durch die ersten europäischen Siedler Anlaß gegeben haben. Eine ganze Reihe amerikanischer Vögel trägt europäische Namen, weil sie die Kolonisten und Auswanderer in Aussehen und Verhalten an Vögel ihrer europäischen Heimat erinnerten. Erst viel später haben Wissenschaftler dann festgestellt, daß es sich um ganz andere Arten handelte, die in Europa z.T. gar keine näheren Verwandten haben. Die Volksnamen aber sind häufig geblieben. So ist in Amerika die „Meadowlark" keine Lerche, sondern ein Stärling, das „Robin" kein Rotkehlchen, sondern eine Drossel, und der „Oriole" kein Pirol, sondern ein Stärling.

*Männchen bringt Futter für die kleinen Jungen*

# Pirole unter sich

Sicher zählt es zu den Glücksfällen, Pirole einmal längere Zeit ungestört beobachten zu können. Die besten Gelegenheiten bieten sich am Nest, doch da ist auch wieder die Gefahr groß, zu stören. Stark vergrößernde Ferngläser oder gar der Einsatz von Fernrohren lösen die Probleme beim Pirol höchstens teilweise. Im dichten Laub der Bäume herrschen oft ungünstige Lichtverhältnisse und auch die Sichtweite ist durch Blätter, Äste und Stämme oft sehr beschränkt. Da ist große Geduld nötig.

*Aggressiver Rüttelflug*

*Rüttelflughaltung beim Beuteerwerb*

**Bewegung in der Luft ...**

Als typische Baumvögel können Pirole geschickt an kleinen Ästen und Zweigen herumturnen und zwischen Ästen und Bäumen allerlei Flugmanöver ausführen. Sie jagen nicht nur schnell und wendig im dichten Blätterwerk umher – etwa bei Verfolgung eines Eindringlings ins Revier –, sondern können auch Rütteln. Unter Rütteln versteht man das Stehenbleiben in der Luft bei raschen Bewegungen der mehr von hinten nach vorne als von oben nach unten schlagenden Flügel. Rüttelnd lesen Pirole Nahrungstiere von den Blättern der Bäume ab, können aber auch über Wiesen oder Getreidefeldern auf diese Weise Insekten fangen, wobei sie oft zwischen die Halme hinunterstoßen.

*Am Boden fühlen sich Pirole offensichtlich unwohl, doch die Frühlingswiese bietet reiche Nahrung*

Der normale Flug der Pirole ist wellenförmig, ähnlich etwa einem Buntspecht (*Dendrocopos major*). Dies kommt dadurch zustande, daß sich nach einigen kräftigen Flügelschlägen die Vögel mit angelegten Flügeln vorschießen lassen, den entstandenen Vortrieb also ausnutzen. Dabei verlieren sie etwas an Höhe, die dann durch neue Flügelschläge wieder erreicht wird. So werden auch Bäume am Waldrand oder freistehende Bäume angeflogen: Von einem Wellental gleitet der Pirol nach oben ins Geäst, wobei er durch leichtes Öffnen und Anwinkeln der Flügel auf den letzten 2–6 m der Flugbahn zum Landen abbremst. Das sieht sehr elegant aus.

**... und am Boden**

A

Auf den Boden kommen Pirole nur, wenn besonders reichhaltiges Nahrungsangebot lockt. Hier scheinen sie sich nicht gerade wohl zu fühlen. Ihre Bewegungen wirken recht unbeholfen; mit langsamen Sprüngen bewegen sie sich fort. Man hat noch nie einen Pirol am Boden laufen sehen. Wenn es nur irgendwie möglich ist, kürzen Pirole ihren Aufenthalt am Boden ab; oft stoßen sie nur kurz herunter, um gleich darauf wieder nach oben im Gezweig der Büsche und Bäume zu verschwinden.

Auf den Zweigen wird die erspähte Beute gern von oben abgelesen oder gegriffen. Bewegung oder leuchtende Farben (z.B. Kirschen) erleichtern den Vögeln sicher die Entdeckung der Nahrung.

Zum Trinken kommen Pirole an Pfützen auf den Boden. Doch wenn es viel regnet oder kühl ist, sind sie darauf gar nicht angewiesen. Restwasser aus Baumhöhlungen oder Astwinkeln, aber auch Regen- oder Tautropfen, die von den Blättern genommen werden, reichen aus, um das Wasserbedürfnis zu befriedigen.

**Baden und Gefieder-pflege**

Gerne nehmen Pirole ein Bad, besonders an schwülen und heißen Tagen. Und das ist sicher ein Grund, warum bei vielen Pirolrevieren Wasser in der Nähe ist und Pirole ausgesprochene Vorliebe für Bäume an einem Flußaltwasser oder Teich zeigen.

Badelustige Vögel lassen sich mitunter mehrmals hintereinander von einem Baum in steilem Flug auf die Wasseroberfläche fallen und steigen gleich wieder zum Startplatz oder einem gegenüberstehenden Baum auf. Dabei tauchen sie nur ganz leicht ins Wasser ein; manchmal klatscht es regelrecht, wenn die flugbadenden Pirole aufs Wasser aufprallen. Die Spritzer benetzen dann das Gefieder.

Eine andere Badegelegenheit bietet sich hoch im Baum, wenn es regnet. Zum Regenbad lassen sich Pirole rücklings von ihrem Sitzast abkippen; sie hängen dann mit der Unterseite nach oben.

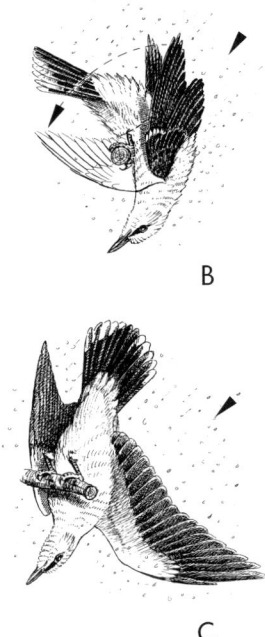

B

C

Drehbewegungen des Körpers und Flattern der Flügel sorgen dafür, daß der Regen möglichst viele Gefiederpartien benetzen kann. Anschließend schwingen sich die Vögel, ohne den Ast mit ihren geschlossenen Zehen loszulassen, wieder auf und beginnen das Gefieder mit dem Schnabel sorgfältig zu putzen und zu ordnen.

Regenbäder werden natürlich nur an warmen Tagen genommen. Doch sorgfältige Gefiederpflege gehört zu den täglichen Pflichten. Auch Sonnenbaden spielt beim Pirol – wie bei vielen Vögeln – eine nicht unwichtige Rolle. Dazu wird das Gefieder leicht gesträubt, damit die wärmenden Strahlen zwischen die Federn eindringen können. Mit ganz oder halb ausgebreiteten Flügeln setzen sich die Pirole dann der Sonne aus.

**Einzelgänger**

Pirole sind alles andere als gesellige Vögel. Vor allem während der Brutzeit, also des größten Teils ihres Aufenthaltes bei uns, sind sie sehr auf Abstand von Artgenossen bedacht. Ein gutes Revier ist während der Brutzeit ein besonders wertvoller Besitz des Paares, das Junge großzuziehen hat. Er muß gegen andere ständig verteidigt werden (vgl. „Pirolsommer in Europa"). Gesang und Rufe spielen dabei eine große Rolle, denn so können sich die Vögel auch in der Deckung des Laubdaches verständigen oder ihre Absichten anzeigen, ohne sich optisch zu exponieren, was vielleicht gefährlich werden könnte.

D

Wie leicht Pirole in der Fortpflanzungszeit auf Gesangsstrophen eines möglichen Nebenbuhlers reagieren, kann man durch Nachpfeifen der Strophe oder mit einem Tonband ohne Mühe feststellen. Allerdings scheinen sich Pirole dabei nicht beliebig zum Narren halten zu lassen. Steht nämlich die Schallquelle weit unterhalb des Kronenbereichs

Wasser lockt Pirole
aus der Deckung:
Männchen des indi-
schen Pirols vor Hitze
hechelnd am Wasser-
loch

der Bäume auf dem Boden, ist die Reaktion nicht so stark, wie wenn der Beobachter in den Ästen sitzt. Dann kann es vorkommen, daß die erregten Revier-besitzer bis auf wenige Meter herankommen.
Die prompte Reaktion auf mögliche Nebenbuhler hat man früher auch ausgenutzt, um Pirole vor die Flinte und damit in den Kochtopf oder als staub-schluckende Zierde in die Wohnstube zu bekommen. Sicher löst auch das leuchtende gelbe Gefieder des Männchens Verteidigung und Angriff aus. In Ge-fangenschaft gehaltene Pirole bekämpften z.B. sehr heftig ihr Spiegelbild.

**Hoher Einsatz für die Brut**

Nicht nur Artgenossen, sondern auch potentielle Nesträuber werden mitunter sehr heftig angegrif-fen, vor allem Eichelhäher, Elster oder Rabenkrä-he. Dabei können gelegentlich auch einmal Nach-barn, die sonst sehr auf die Einhaltung ihrer eigenen Ansprüche bedacht sind, angesichts ge-meinsamer Bedrohung zusammenhelfen.
In einem alten Bericht um die Jahrhundertwende beschreibt ein Beobachter dieses Verhalten sehr anschaulich:
„Ein Eichhörnchen näherte sich dem in einer Astgabel hängenden, mit Jungen besetzten Nest; sofort stieß das Männchen mit den Schnabel nach dem Störenfried, flog vor demselben her und suchte ihm den Weg zum Nest zu verlegen. Auf sein Geschrei kam noch ein zweites Männchen zu Hilfe; den vereinten Bemühungen gelang es, das Eichhörn-chen zu verscheuchen. Auch gegen Krähen und Häher geht er mutvoll vor und vergißt bei solcher Ver-folgung ganz seine Vorsicht ...".

Und OSKAR HEINROTH, einer der Väter der modernen Verhaltensforschung und Direktor des berühmten Aquariums am Berliner Zoo, berichtet: „... als unsere Kolkraben uns auf dem Dachgarten des Aquariums umschwärmten, erschienen die alten Pirole und stießen so tollkühn nach den schwarzen Gesellen, daß das Männchen nur einen Meter entfernt an meinem Gesicht vorüberflog. Anscheinend handelte es sich dabei um die Familie, die vor unserem Fenster ihr Nest gehabt hatte und sich regelmäßig auf den benachbarten hohen Bäumen umhertrieb".

Ganz im Stile der Zeit urteilt BREHMS Tierleben in einer seiner ersten Ausgaben über den Pirol:
„Er ist ein muthiger und zänkischer Vogel. Mit seinesgleichen beißt und jagt er sich beständig herum, zankt sich aber auch mit anderen Vögeln, so daß es ihm, zur Begattungszeit besonders, nie an Händeln fehlt ...".

Heute sehen die Biologen diese Aggressivität wesentlich nüchterner. Sie bedeutet nämlich zunächst nichts anderes als einen enormen Aufwand an Energie und individuelle Nachteile. Vor allem das auffallend gefärbte Männchen mit seinen Signalfarben begibt sich bei Attacken auf Eindringlinge und Räuber in Gefahr.

Das kann auf Dauer nur gut gehen, wenn damit auch ein Nutzen verbunden ist. Streng genommen muß der Nutzen sogar größer sein als Gefahrenrisiko und Energieverbrauch, damit das ausgeprägte Aggressivverhalten im Laufe der Evolution erhalten bleibt. Der Nutzen liegt zweifellos in einer Erhöhung des Bruterfolges, also der Nachkommenschaft. Die Zahl der auf ein Individuum fallenden Jungen, die selbst wieder geschlechtsreif werden, ist ein unbestechliches Maß dafür, ob sich der Einsatz auszahlt. „Mut" muß sich also lohnen, um im Verhaltensprogramm einer Tierart langfristig eine Chance zu haben. Offenbar ist es auch vorteilhaft, daß durch Unverträglichkeit gegenüber Individuen der eigenen Art vielleicht weniger Pirole in einem Gebiet zu einem Nest kommen als wenn man gut nachbarlich enger zusammenrücken würde. Nur so scheint eine ausreichende Anzahl wirklich überlebensfähiger Nachkommen nach der Brutzeit die Reise in den Süden antreten zu können.

*Sorgfältig werden Blätter und Äste nach Beute abgesucht*

# Pirolsommer in Europa

**E**r ist einer von den Vögeln, welche nur kurze Zeit in den heißesten Monaten bei uns verweilen; denn er kommt erst im Mai an und verlässt uns im August schon wieder. Er wartet erst ab, bis die meisten unserer Waldbäume sich belaubt haben und kommt selten vor 1.Mai hier an" weiß bereits in der ersten Hälfte des 19.Jahrhunderts der berühmte deutsche Ornithologe JOHANN FRIED-RICH NAUMANN über den Pirolsommer in Europa zu berichten. NAUMANN war Landwirt. Er und sein nicht minder berühmter Vater JOHANN ANDREAS NAUMANN setzten mit ihren Büchern, insbesondere mit ihrer „Naturgeschichte der Vögel Deutsch-lands", Maßstäbe, die lange Zeit die Entwicklung der Ornithologie in Mitteleuropa entscheidend be-einflußten. Auch heute noch kann man vom Fun-dus des großen Wissens der beiden NAUMANNS zehren.

Die Fahrpläne selbst extremer Langstreckenzieher unter den Zugvögeln sind freilich nicht auf den Tag genau festgelegt. Langjährige und großräumige Beobachtungen ergeben immer wieder regelhafte Abweichungen von bisherigen Werten oder, meist in Abhängigkeit von Witterungsbedingungen, auch Schwankungen um langjährige Mittelwerte. Nach der Ankunft von Zugvögeln auf das Sommerwetter zu schließen, ist allerdings müßig. Zugvögel kön-nen das Wetter nicht langfristig vorherahnen, schon gar nicht, wenn sie aus anderen Klimazonen direkt zu uns kommen. Im Werk von NAUMANN heißt es allerdings über den Pirol: „Nach ihrer Ankunft im Frühjahr sollen keine Nachtfröste mehr zu befürch-ten sein, und ihr häufiges Pfeifen soll Regen bedeuten." Man beachte aber, wie vorsichtig sich der Gelehrte schon vor fast 200 Jahren zu diesem Thema äußerte, obwohl er natürlich von modernen Erkenntnissen der Physiologie keine Ahnung ha-ben konnte und lediglich auf seine Erfahrungen als Landwirt und die Bauernregeln angewiesen war.

*Idealer Lebensraum: Naturnahe Wälder*

**Hoher Einsatz für die Brut**

Fest steht jedenfalls, daß selbst im Süden Mitteleu-ropas die ersten Pirole kaum vor Mitte April erscheinen. Viele lassen sich sogar Zeit bis Mitte Mai und im Norden seines europäischen Verbrei-tungsgebietes erscheint der Pirol sogar regelmäßig so spät. Er macht also seinem Namen „Pfingst-

vogel" durchaus Ehre. Schon Ende Juli rüsten sich die ersten Vögel wieder zum Abzug nach Süden; die Reisewelle erreicht ihren Höhepunkt bereits in der ersten Augusthälfte und bis Mitte September sind so gut wie alle Pirole verschwunden.

Der aufmerksame Naturbeobachter entdeckt an diesem Reiseplan eine interessante Parallele: Zur Zeit des Wegzuges nach dem Süden sind bei uns die Tage etwa gleich lang wie in der ersten Maihälfte. Von Grasmücken und Laubsängern wissen wir aus langjährigen Laborversuchen, daß der regelhafte Wechsel der Tageslänge im Jahreslauf ein entscheidender Zeitgeber für den Fahrplan des Vogelzuges ist. Nach einem solchen photoperiodischen Wecker, der unabhängig vom aktuellen Wetter arbeitet, dürfte sich also auch der Pirol richten. Und das erklärt, warum die Pirole aufbrechen, wenn der Menschensommer erst noch einen richtigen Höhepunkt erreicht und ganz allgemein Ankunfts- und Abzugstermine von Zugvögeln keine sicheren Anzeichen für kommendes Wetter sein können.

Der Pirolsommer ist also extrem kurz und das heißt, die Zeit zu nützen. Die ersten, die aus den Tropen zurückkommen, sind die alten Männchen. Erst einige Tage später erscheinen die Weibchen und die Jungvögel des vergangenen Jahres. Auch das hat System, denn die Männchen wählen sofort ihre Reviere aus. Wer zuerst kommt, hat auch die erste Wahl; nachfolgende Männchen müssen sich mit dem begnügen, was die Erstankömmlinge übrig gelassen haben.

Allerdings geht das nicht immer ohne Auseinandersetzungen ab. Berühren sich zwei benachbarte Reviere, kann es an den Grenzen zu Streitigkeiten kommen, die erst dann nachlassen, wenn die Reviergrenzen festliegen. Manche haben ihre Ansprüche auch wohl zunächst etwas hoch gesteckt und müssen sich dann beim Eintreffen weiterer Interessenten mit kleineren Flächen begnügen. Durchzügler nordischer Brutgebiete werden von etablierten Reviereigentümern gleich verjagt. Auch später gibt es immer wieder Eindringlinge, z.B. herumstreifende Einjährige, die noch nicht brüten. Pirole werden nämlich in der Regel erst im dritten Kalenderjahr fortpflanzungsreif.

*Im Sonnenlicht verschmilzt das prächtige Gelb des Männchens mit seiner Umgebung*

Pirole sind anspruchsvoll und brauchen vor allem
erstaunlich viel Platz. Ein vom Männchen ausge-
wähltes und verteidigtes Revier muß später die
Familie ernähren können. In einem Untersu-
chungsgebiet in Mecklenburg umfaßten die klein-
sten Reviere 5 – 7 ha, die häufigsten Reviergrößen
waren 13 – 22 ha, und die größten Reviere nahmen
über 30 ha ein; die durchschnittliche Reviergröße
betrug 17 ha. Das entspricht schon fast einem
mittelgroßen landwirtschaftlichen Betrieb!
Nur in sehr günstigen Gebieten, z.B. in ursprüngli-
chen Auwäldern entlang naturnaher Flußläufe,
können Pirolpaare enger zusammenrücken, ohne
die Ernährung ihrer Jungen zu gefährden.

Auf den ersten Blick scheinen die Pirolmännchen
wenig wählerisch bei der Revierbesetzung zu sein.
Im Mai kann man den Gesang, der übrigens eine
hervorragende akustische Revier-
markierung darstellt, die auch im
dichten Kronenschluß der Bäume
ihren Zweck erfüllt, aus den verschie-
densten Waldtypen hören: Reine Laub-

wälder werden ebenso besiedelt wie
Mischwälder und manchmal sogar reine
Fichten- oder Kiefernwälder. Auch Parks,
große Gärten, Friedhöfe, Feldgehölze,
Obstplantagen oder Pappelalleen haben
ihre Pirolpärchen. Die Vögel halten sich
vorwiegend im Laub- und Kronenbereich
der Bäume auf und können sich zum Leid-
wesen der Vogelbeobachter ausgezeichnet
verstecken. Doch die Baumkronen dürfen
nicht zu dicht sein, und so meiden die Pirole das
Innere dichter, geschlossener Wälder. Durch
Lichtungen aufgelockerte Baumbestände und
Waldränder sind daher bevorzugte Lebensräume.
Üppiger Pflanzenwuchs unter den Bäumen und
die Nähe von Wasser oder Feuchtgebieten
verbessert das Nahrungsangebot. In Flußtälern
dringen Pirole daher auch manchmal in Gebiete vor,
die sie normalerweise nicht mehr als Brutvögel
besiedeln, so z.B. in Meereshöhen über 500 m. Als
klimatisch recht anspruchsvolle Vögel sind Pirole
bei uns im allgemeinen typische Tieflandbewohner,
die sich nicht ins rauhere Bergland vorwagen.

Mit ihrem wohltönenden Gesang erreichen die Pirolmännchen nicht nur eine unmißverständliche Anmeldung ihrer Besitzansprüche. Auch die einige Tage später eintreffenden Weibchen können sich daran orientieren und sich gleich auf die bereits besetzten Reviere konzentrieren. Die Paarbildung dauert dann oft nur 1 – 2 Tage. Weibchen können aber auch außerhalb der etablierten Territorien ihren Partner wählen, wenn sie dort von den Männchen umworben werden. Dabei kommt es manchmal zu ausgesprochener Gruppenbalz, bei der Männchen und Weibchen Balzflüge über den Baumkronen ausführen und Rivalen sich heftig jagen. Wie gelbe Federbälle leuchten die Männchen; die Farbe wird zu einem eindringlichen Signal. Hat ein Bewerber kein Glück, wird das Revier nach etwa 2 – 3 Wochen verlassen.

Viele Einzelheiten des offenbar sehr lebhaften Revier- und Balzverhaltens sind aber noch unklar, weil es die Pirole dem Beobachter nicht leicht machen, ihnen zuzuschauen.

So verteilen sich die Weibchen allmählich auf die sich eifrig um sie bemühenden Männchen, die den Besitz eines Reviers „nachweisen" können. Nicht alle aus dem Winterquartier in den Pirolsommer nach Mitteleuropa fliegenden Pirole freilich finden einen Partner. Da sind vor allem die Jungvögel aus dem Vorjahr, die meistens nach den älteren Männchen und Weibchen zurückkommen. Da sie erst im dritten Kalenderjahr ihres Lebens fortpflanzungsreif werden, können sie also frühestens im folgenden Jahr an ein eigenes Heim denken.

Manchmal lassen junge Pirole sogar noch ein weiteres Jahr aus, ehe sie ein Nest bauen. Solche Jungvögel gleichen entweder den Weibchen, wobei sie im allgemeinen noch etwas mehr grün und auf der Unterseite stärker gestrichelt wirken, oder ausgefärbten alten Männchen, die aber noch mehr oder minder deutlich sichtbare grüne Gefiederpartien aufweisen. Erst im dritten oder vierten Jahr strahlt das leuchtende Gelb makellos. Auch Experten mit starken Ferngläsern können nicht immer Männchen und Weibchen im zweiten Kalender sicher unterscheiden.

Doch die Jungen sind nicht etwa unerfahren. Obwohl noch nicht mit den Problemen der Aufzucht von eigenem Nachwuchs befaßt, verfügen sie z.B. schon über die Kenntnis, wie ein optimaler Lebensraum auszusehen hat. Und so gehen viele von ihnen den etablierten Besitzern besonders günstiger Reviere nicht etwa aus dem Weg, sondern drängeln sich oft dazu hinein und sorgen dann noch während der Brutzeit für nicht wenig Unruhe. Die mit der Bebrütung der Eier und der Aufzucht der Jungen beschäftigten Altvögel können sich nicht mehr so intensiv der Vertreibung unerwünschter Besucher widmen.

Lange Zeit galten auch bei den Pirolkennern diese „Zigeuner", denen sich manchmal auch Altvögel, die keinen Partner fanden, anschließen, daher als richtiggehende Störenfriede. Doch sind diese Zigeuner wirklich so unerwünscht?

Wir müssen davon ausgehen, daß die Interpretation vieler Beobachtungen nicht immer so ganz einfach ist, auch wenn nach dem gesunden Menschenverstand alles ganz eindeutig zu sein scheint. Manche Beobachtungen deuten nämlich darauf hin, daß jugendliche Eindringlinge von einem Brutpaar durchaus in der Nähe geduldet werden. Und man hat auch schon gesehen, daß nicht voll ausgefärbte Pirole, also Jungvögel, plötzlich an einem Nest erschienen und sich neben den „zuständigen" Altvögeln an der Fütterung der Nestlinge beteiligten, mindestens einmal auch, als bei einem Brutpaar das Männchen plötzlich abhanden kam. Diese letztere Beobachtung deutet darauf hin, daß zigeunernde Jungvögel vielleicht öfters als bisher bemerkt als Nothelfer einspringen. So hätte dann auch bei Ausfall eines Elternvogels die Brut noch Chancen hochzukommen.

Eine weitere Möglichkeit zeigen viele neuere, z.T. ganz sensationelle Untersuchungsergebnisse:

Bei erstaunlich vielen Vögeln, vor allem solchen, deren Junge nicht gleich in dem auf die Geburt folgenden Kalenderjahr zur Fortpflanzung kommen, gibt es mehr oder minder regelmäßig Helfer, die zusammen mit einem Brutpaar Junge füttern oder sich an anderen Arbeiten der Brutfürsorge beteiligen. Mittlerweile sind dicke Bücher über solche Helfersysteme bei Vögeln erschienen und

*Ein seltener Schnappschuß: Ein Männchen bei der Befestigung der ersten Trägerfäden des Nestes. Die Hauptarbeit muß das Weibchen erledigen*

fast jedes Jahr werden neue Arten entdeckt, bei denen zumindest in Einzelfällen verwickelte Familienverhältnisse bekannt werden.

Tanten, Onkel, Vettern, Nichten, Geschwister oder auch nur Hausfreunde helfen bei der Jungenaufzucht mit. So könnten auch beim Pirol die bisherigen Beobachtungen darauf hindeuten, daß sich zumindest bei einzelnen Brutpaaren scheinbar uneigennützige Helfer einstellen.

Doch so ganz selbstlos scheint in der Natur, in der das „Prinzip Eigennutz" gilt, niemand zu sein. Haben vielleicht auch Helfer bei ihrem Einsatz einen Vorteil?

Man kann z.B. vermuten, daß die einjährigen Helfer durch ihre Beteiligung Erfahrungen sammeln, die ihnen dann später bei der Aufzucht eigener Junge zugute kommen. Außerdem erhöht sich für sie vielleicht die Chance, im nächsten Jahr leichter ein eigenes Revier zu ergattern. Individuelle Erfahrung spielt in einem System, bei dem eigentlich immer die Konkurrenz den Ton angibt, eine große Rolle. So bleiben also noch einige Fragezeichen im Familienleben des Pirols, und überraschende Ergebnisse könnten bei eingehenden Untersuchungen zu erwarten sein.

Wir sind aber den Ereignissen schon weit vorausgeeilt, denn bis das erste Junge im Nest geschlüpft ist, wartet noch viel Arbeit auf das Paar. Ein arbeitsreicher Sommer steht bevor. Zunächst muß ein geeigneter Standort für das Nest gewählt werden. Hohe Laubbäume – seltener Nadelbäume (z.B. Kiefern) – bieten Sichtschutz und entziehen die zukünftige Kinderstube der Aufmerksamkeit allem, was sich an gefährlichen Tieren auf dem Boden oder in Büschen herumtreibt.

Baumkletterer, wie Eichhörnchen oder Baummarder, lassen sich freilich von hohen Neststandorten nicht abschrecken. Eine besondere Konstruktion aber trägt dazu bei, auch ihnen die Übergriffe auf ein Pirolnest möglichst schwer zu machen. Das Nest wird oft ganz am äußersten Ende eines großen Astes in einer kleinen Zweiggabel aufgehängt, und so findet man die meisten Pirolnester in der Randzone der oberen Kronenhälfte, höchst selten dagegen in der Nähe des Stammes. Für gewichtige

**Das Nest: Sicherheit vor Räubern, Wind und Wetter**

*Wollfäden und Grashalme – aber auch neuerdings Plastik- und Papierfetzen – sind die Baustoffe für das kunstvoll aufgehängte Nest*

Baumkletterer ist es also gar nicht so leicht, auf dünnen Zweigen an die Eier oder Nestlinge heranzukommen. 4–10 m hoch stehen wohl die meisten Pirolnester, manche sogar noch höher. Absolute Sicherheit bietet natürlich auch die luftige Höhe nicht, zumal Sturm und Unwetter fast jedes Jahr ihre Opfer fordern.

Gleich nach der Wahl eines geeigneten Standortes beginnt der Nestbau, der zur Hauptsache Aufgabe des Weibchens ist. Lange Zeit stritten sich die Ornithologen, ob und in welchem Umfang sich auch das Männchen daran beteiligt, das zu dieser Zeit mitunter auch noch in Revierkämpfe verwikkelt sein kann. Heute läßt sich verallgemeinernd sagen, daß vor allem am Anfang oft auch die Männchen etwas mitarbeiten. Unklarheiten und Lücken in unserem Wissen über das Leben des Pirols rühren vielfach davon her, daß es der bunte Versteckkünstler den Beobachtern schwer macht, in sein Privatleben einzudringen. Vieles spielt sich hoch über unseren Köpfen in den Baumkronen ab.

Das Grundmaterial des Nestes sind bastähnliche Fasern oder Streifen, etwa 20 – 40 cm lang. Sie werden meist in der näheren Umgebung abgezupft oder aufgelesen; manchmal müssen die Pirole auch kilometerweit fliegen, um Material in ausreichender Menge und Qualität zu finden. In Frage kommen Grasblätter, Grashalme, Rindenstreifen und längere Wollfäden.

Das Weibchen wickelt das Ende eines Streifens geschickt um einen Ast der zukünftigen Nestgabel. Etwas Speichel sorgt dafür, daß der Faden zumindest vorübergehend am Trageästchen anklebt. Dann geschieht dasselbe am gegenüberliegenden Trageast. Durch rasches Herumfliegen wickelt das Weibchen die freien Enden auf; wiederum dient Speichel als Kleber. Die Tragbänder und -fäden werden dabei ziemlich straff gespannt. Hat das Geflecht eine bestimmte Dichte und Stabilität erreicht, beginnt die Ausformung des Nestkörbchens, das wie eine Hängematte frei zwischen den Trägerästchen hängt. Der Vogel – fast immer wohl das Weibchen – setzt sich auf die Bastunterlage und drückt mit Brust, Bauch und Flügelbug die gespannten Fäden nach unten; durch Körperdrehen entsteht ein rundes Körbchen.

*Wie in einer Hängematte liegen die Eier geschützt im Nest*

*Bild Seite 81:*
*Das Männchen füttert das brütende Weibchen. Oder sind schon frisch geschlüpfte Junge im Nest?*

Jetzt beginnt der Innenausbau mit feinerem und kürzerem Material, meist mit zarten Halmen und Rispen, dünnen Wurzelstückchen, Tierhaaren oder weichem Moos. Das Nest ist ja nicht nur ein Behälter für Eier und Junge, sondern soll – wie die Wände eines Hauses – auch isolieren und vor allem die Eier und die noch unbefiederten Nestlinge in den ersten Tagen vor Auskühlung bewahren helfen. Oft muß auch an der Außenwand noch nachgebessert werden.

Etwa 6 – 12 Tage nimmt der Nestbau in Anspruch. Manchmal dauert es auch länger, und mitunter erweisen sich die Trägeräste als ungeeignet. Dann wird der Bau abgebrochen und sofern die Zeit noch reicht, an einer neuen Stelle wieder versucht. Auch Rivalenkämpfe können den Nestbau unterbrechen.

Das fertige Nest ist schließlich ein tiefer Napf mit etwas nach innen gezogenen Rändern. Sie verhindern ein allzuleichtes Herausfallen der Eier und Jungen, wenn z.B. ein Wind die Äste gehörig beuteln sollte.

Etwa 9 cm mißt die kreisförmige Mulde, die Nesthöhe kann bis zu 10 cm betragen.

Unter den heimischen Singvogelnestern sind die Bauten des Pirols besonders gut haltbar. Oft kann man noch im Winter, wenn das Laub von den Bäumen gefegt ist, die Pirolnester des vergangenen Sommers, die man im dichten Blattwerk vergeblich gesucht hatte, entdecken und nachträglich die Zahl der Brutpaare in einem Gebiet ermitteln.

**Eier und Bebrütung**

Sobald das Nest fertig ist, legt das Weibchen die Eier. Täglich wird ein Ei abgelegt, meist in den Morgenstunden. In Mitteleuropa haben in normalen Jahren in den ersten Junitagen etwa die Hälfte aller Pirolweibchen mit der Eiablage begonnen; bei Nachzüglern findet sich noch bis Mitte Juni kein Ei im Nest. Sehr spät begonnene Bruten haben auch wohl kaum eine Chance mehr, erfolgreich abgeschlossen zu werden.

Normalerweise besteht eine Vollgelege aus 3 – 4 Eiern. Im frischen Zustand wiegt ein Ei zwischen 6 und 9 g. Damit macht ein einziges Ei immerhin 8 – 11% und ein Vollgelege 45 – 60% des Körpergewichts des Weibchens aus!

Schon nach der Ablage des ersten oder zweiten Eies beginnt in der Regel die Bebrütung. Beide Partner beteiligen sich daran, doch meist löst das Männchen das Weibchen nur für kurze Zeit beim Wärmen der Eier ab. Dann kann das Weibchen auf Nahrungssuche gehen. Bei warmem Wetter dürfen die Eier tagsüber schon einmal vorübergehend unbedeckt bleiben; nachts sind die Nester aber ständig besetzt. Brutunterbrechungen könnten sich in der Kühle für die sich entwickelnden Keimlinge tödlich auswirken.

Nach 14 – 15 Tagen schlüpfen die Jungen, meist innerhalb von 1 – 2 Tagen. Wenn man genau rechnet, ist dieser Schlüpfabstand deutlich kürzer als die Periode der Eiablage. Die zuletzt gelegten Eier entwickeln sich also etwas schneller als das erste und zweite Ei. Allerdings ist das zuletzt geschlüpfte Junge, das Nesthäkchen, meist deutlich schwächer als die etwas älteren Nestgeschwister. In der weiteren Entwicklung kann sich dieser Unterschied noch verstärken.

*Die fast nackten Jungvögel müssen nach dem Schlüpfen gewärmt werden: Das Weibchen hudert. Einige bunte Wollfäden sind ins Nest mit eingewoben. Pirole haben es oft schwer, geeignete Baumaterialien in ausreichender Qualität zu finden!*

*Piroleier in Originalgröße*

Mitte bis Ende Juni schlüpfen in den meisten Pirolnestern Mitteleuropas die Jungen. Als typische Nesthocker kommen sie blind auf die Welt. Erst im Alter von 6 Tagen beginnen sich die Augenschlitze zu öffnen, und etwa am 8. Lebenstag sind die großen Augen völlig offen. Die wenigen Dunen trocknen innerhalb kurzer Zeit nach dem Schlüpfen und bilden ein flauschiges gelblich-weißes Dunenkleid, das aber nicht sehr dicht ist. So müssen vor allem während der ersten Lebenstage die Jungen von den Eltern noch vorübergehend gewärmt werden. Dieses Wärmespenden nennt man Hu-

dern. Dabei sitzen die Altvögel, bei den Pirolen meist die Weibchen, locker über den sich in die Nestmulde kauernden Jungen. So wird nicht nur ein zu starker Wärmeverlust bei kühlem Wetter oder während der Nacht vermieden, sondern auch der Regen abgehalten, der die dünnen haarförmigen Dunenfedern rasch durchdringen und die kleinen Körper unterkühlen würde. Aber auch starke Sonneneinstrahlung ist gefährlich, und so sitzen die Altvögel als Schattenspender über den Jungen, wenn die Sonne das Laubdach durchdringt.

Die Dunen sind die erste Federgeneration der Jungvögel. Sie werden während der Entwicklung nach- und nach durch die endgültigen Federn des Jugendkleides ersetzt. Nach 4 – 5 Tagen durchbrechen die Spitzen der heranwachsenden Schwingen und etwas später die der Schwanzfedern die dünne

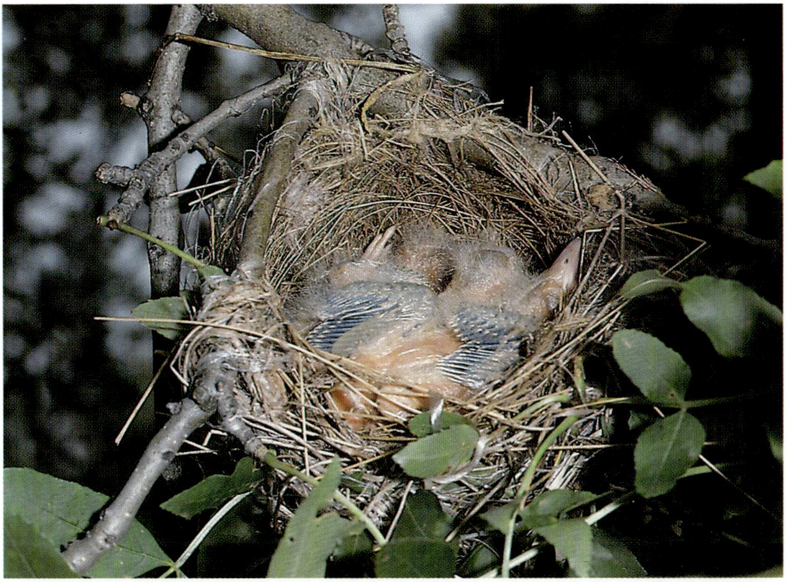

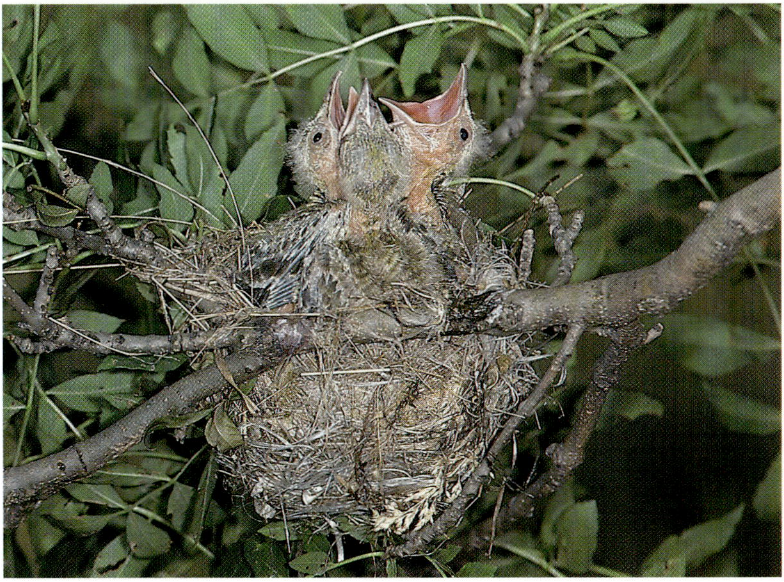

Haut. Nach 11 – 13 Tagen ist der Körper der Nestlinge schon fast ganz mit Federn bedeckt; nur am Kopf sitzen oft noch einige Dunen, die dann bald abfallen.

Die Hilflosigkeit der jungen Pirole am Anfang ihrer Entwicklung darf nicht darüber hinwegtäuschen, daß sie bereits mit einem erstaunlich vielseitigen Verhaltensprogramm ausgestattet sind, wenn sie aus den Eiern schlüpfen. Es vergrößert und verfeinert sich sehr rasch und trägt ganz wesentlich zum Überleben der Nestlinge während der ersten Lebenstage bei.

Hierzu zählt z.B. ein merkwürdiger Klammerreflex, der bewirkt, daß sich die Krallen der relativ kräftigen Zehen in das geflochtene Nestmaterial verhaken. So entsteht ganz automatisch eine sichere Verankerung, die auch bei heftigen Schaukelbewegungen des Nestes ein Herausfallen der Nestlinge verhindert.

Für eine erfolgreiche Fütterung ist das sogenannte Sperren wichtige Voraussetzung, ein Verhalten, daß alle Singvögel, die ja zu den typischen Nesthokkern zählen, als Jungvögel zeigen. Wenn die Altvögel mit Futter im Schnabel ankommen, recken die Nestlinge automatisch den Kopf in die Höhe und reißen den Schnabel weit auf; oft lassen sie dabei auch noch durchdringende Bettellaute hören.

Als zusätzliches Signal für die Altvögel wirkt der auffällig orangerot gefärbte Rachen. So können die Eltern ihre Futterportion zielgenau in den Schlund des Nestlings stecken. Wer gerade einen Bissen bekommen hat, macht den Schnabel zu. Die Altvögel brauchen sich also nicht die Mühe zu machen, ihre Jungen zu zählen oder immer darauf zu achten, wer gerade an der Reihe ist. Sie stecken das Futter einfach in den nächsten offenen Schnabel. Allerdings hat dieses System scheinbar auch einen großen Nachteil:

Wird ein Nestling zu schwach, um regelgerecht zu Sperren, wird er bei den Fütterungen übersehen und geht dann bald zugrunde. Auf die Schwächsten im Nest wird also im allgemeinen keine Rücksicht genommen; ihr vorzeitiges Absterben verhindert, daß bei Futterknappheit alle Jungen eines Nestes betroffen werden. Die Überlebenschancen Weniger zu retten, ist in einer Engpaßsituation wichti-

*Der Jungvogel sperrt, doch das Futter ist bereits vergeben*

ger, als durch gerechte Gleichverteilung der Chancen möglicherweise alle in Gefahr zu bringen.

Doch wie kann das Sperren funktionieren, wenn die Jungen in den ersten Lebenstagen ihre mit Futter ankommenden Eltern nicht sehen?

Das Problem ist einfach gelöst: Die Erschütterung des Nestes durch den landenden Altvogel löst das Sperren aus. Dabei drehen die Nestlinge ständig den Kopf hin und her, so daß sie in die Nähe des futterspendenden Schnabels kommen. Erst wenn sich die Augen ganz geöffnet haben, werden die mit Futter ankommenden Eltern gezielt angebettelt.

Die durchdringenden Bettelrufe der Jungen sind weit zu hören. Lassen die Eltern einen Warnruf hören, ducken sich die Jungen stumm ins Nest. Auch das Warnsystem funktioniert also hervorragend.

**Die Arbeit der Eltern**

Beide Altvögel füttern ihre Jungen und teilen sich die Arbeit etwa gleichmäßig auf. Doch erscheinen die Partner meist nicht gleichzeitig am Nest.

Man hat errechnet, daß im Durchschnitt etwa 9 – 13 mal pro Stunde gefüttert wird. Doch solche Berechnungen sind manchmal etwas wirklichkeitsfremd. Zunächst steigt die Fütterungshäufigkeit mit dem Alter der Jungen deutlich an. Das hängt wahrscheinlich mit dem hohen Wachstumstempo zusammen und sicher auch mit der Tatsache, daß die weitgehend unbefiederten Nestlinge viel Energie benötigen, um ihre Körpertemperatur aufrecht zu erhalten. Etwa ab dem 5. Tag scheint die Häufigkeit der Fütterungen nicht weiter zuzunehmen, ja sogar geringfügig zu sinken, obwohl die Jungen ja jetzt größer sind. Aber die Eltern bringen von Tag zu Tag auch größere Beutestücke, so daß eine Fütterung mehr Energiezufuhr bedeutet.

**Speisezettel für Jung und Alt**

Pirole sind vornehmlich Insektenjäger. Gleich nach der Ankunft aus dem Winterquartier spielen besonders größere Insekten eine Rolle. In Jahren mit starkem Flug können z.B. Mai- oder Junikäfer vorübergehend einen wesentlichen Anteil des Speisezettels ausmachen.

Auf der Speisekarte für die Jungvögel stehen zunächst vor allem weichhäutige Raupen, die besonders gut verdaulich sind. Später werden auch

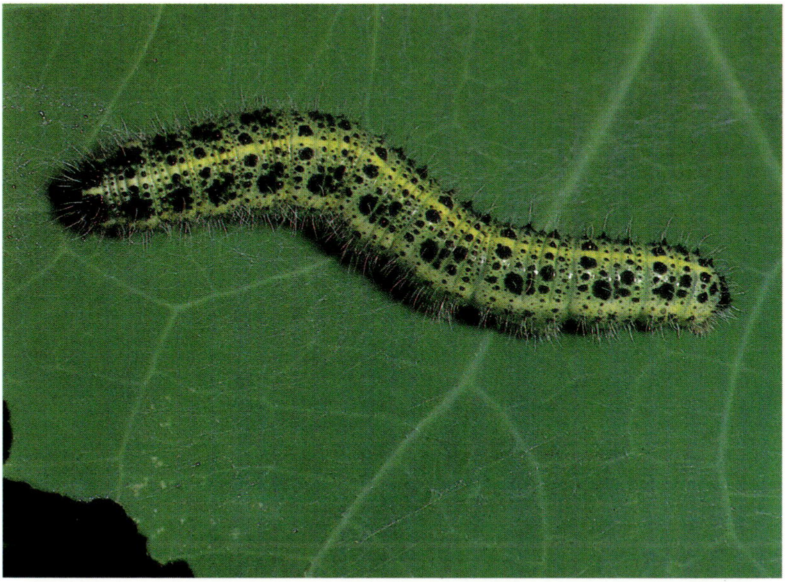

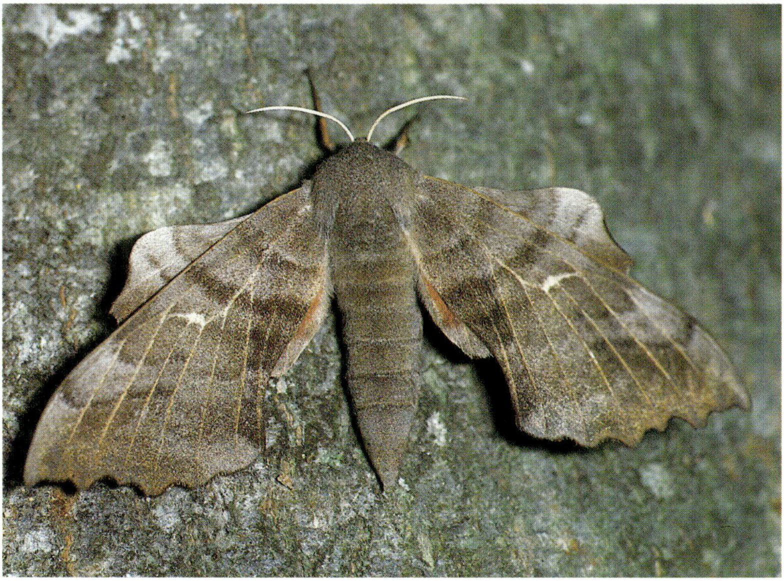

Bild rechts:
... Gabelschwanz-
Raupe

voll entwickelte Insekten mit härterem Chitinpanzer verfüttert, wie Käfer und Heuschrecken. Manchmal bereiten die Altvögel die Nahrung für ihre Jungen auch etwas zu: Raupen werden die Chitinköpfe abgebissen; behaarte Raupen, die außer dem Pirol eigentlich nur der Kuckuck als regelmäßige Beute auf seinem Speiseplan stehen hat, werden durch Einspeicheln so präpariert, daß sie von den Nestlingen leichter geschluckt werden können.

Im späteren Nestlingsalter erhalten die Jungen auch Beeren und Kirschen. Man hat sogar beobachtet, daß die Altvögel den Saft der Kirschen den Jungen in den Rachen pressen, wenn die Früchte zum Schlucken noch zu groß sind. Pflanzennahrung, auch wenn es sich um herrlich reife Früchte handelt, spielt allerdings immer nur eine untergeordnete Rolle. Für die Jungenentwicklung ist tierisches Eiweiß unverzichtbar, und auch die Altvögel leben kaum längere Zeit ausschließlich von Früchten. Allerdings können sich Pirole als Plünderer von Obstgärten schon manchmal recht unbeliebt machen.

Bild unten:
... aber auch haarige
Raupen und Larven
werden nicht verschmäht

90

*Besonders in warmen Gebieten füttern Pirol- eltern auch Früchte: Dieses Männchen bringt eine Maulbeere*

Die Eltern sorgen auch für die Nesthygiene:
Nach einer Fütterung dreht sich der Jungvogel herum und sondert einen weißen Kotballen ab, der von einer dünnen, durchsichtigen Haut eingehüllt ist. Der Altvogel, der bereits auf die Kotabgabe gewartet hatte, nimmt das Paket mit dem Schnabel auf und trägt es weg. Diese Art der Nesthygiene ist bei Singvögeln weit verbreitet. Die Sauberhaltung des Nestes ist zumindest während der frühen Nestlingsstadien ohne Zweifel ein wichtiger Beitrag zur gesunden Entwicklung und eine Vorbeugung z.B. gegenüber Parasiten und Krankheiten. Wenn die Nestlinge noch klein sind, wird der Kotballen häufig nicht einfach weggetragen, sondern von den Altvögeln sogar gefressen. Die Nestlinge verdauen nämlich besonders in den ersten Entwicklungstagen nach dem Schlüpfen ihre Nahrung nur teilweise, und die abgegebenen Kotportionen enthalten also noch verwertbare Energie, die ausgenützt wird. Aber auch wenn die Jungen bereits herangewachsen sind und ihren Kot über den Nestrand abgeben können, werden Kotballen abtransportiert, denn Kotanhäufungen in unmittelbarer Nestumgebung könnten eine zusätzliche Gefährdung durch aufmerksam gemachte Nesträuber bedeuten.

**Die Familie löst sich auf**

13 – 20 Tage bleiben die Jungen im Nest. Sie verlassen ihre Kinderstube in der Regel, bevor Flügel und Schwanz die vollständige Länge erreicht haben. So sind die Jungpirole bei ihren ersten kleinen Ausflügen meist noch nicht richtig flugfähig und klettern daher einige Tage im Nestbaum herum. Dabei geraten sie nicht selten auch auf den Boden oder ins Gebüsch und werden dort von den Eltern gefüttert. Das ist natürlich nicht ganz ungefährlich, doch wahrscheinlich wird das Nest für 4 herangewachsene Junge einfach zu klein. Hat der größte Jungpirol das Nest verlassen, folgen ihm die anderen bald nach. So kann es also vorkommen, daß entsprechend dem unterschiedlichen Entwicklungstand die Jungen nicht alle gleichzeitig fliegen können.
Nähert man sich auf dem Boden sitzenden noch nicht flugfähigen Jungen, versuchen oft die Männchen durch auffälliges Herumflattern die Aufmerksamkeit von den Jungen weg auf sich zu ziehen.

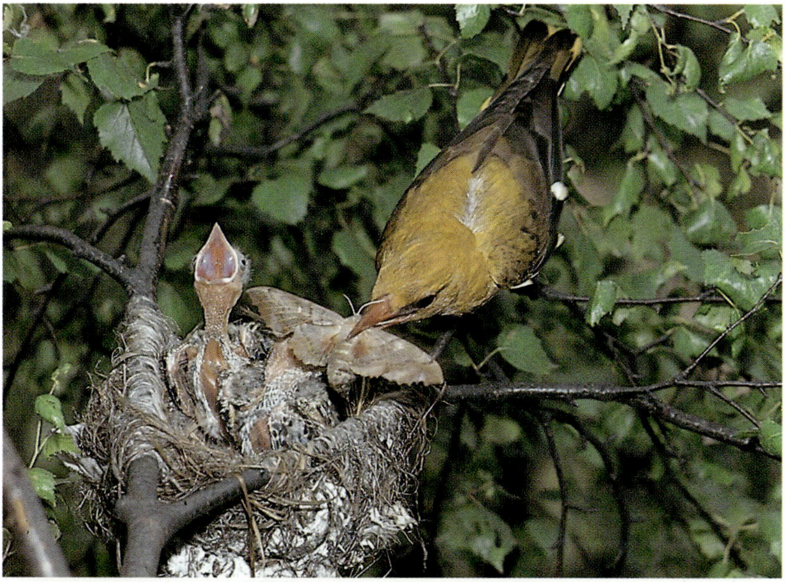

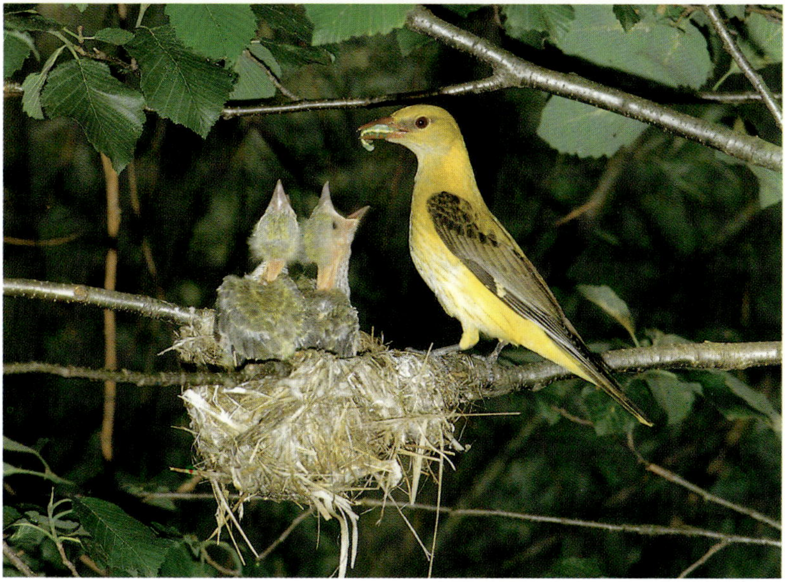

Zum „Nachtisch"
frische Kirschen

Bild unten:
Nesthygiene
... die Verdauung funk-
tioniert

Bild rechts oben:
... das Männchen
nimmt den umhäuteten
Kotballen ab

Bild rechts unten:
... der Kotballen wird
weggetragen

Erst ab etwa dem 20. Lebenstag sind die Jungen soweit, den futterbringenden Eltern entgegenfliegen zu können. Die Familie bleibt noch eine Zeitlang zusammen. Nach und nach lernen die Jungen, selbständig Insekten zu erbeuten. Der Übergang zur Selbständigkeit und zur endgültigen Familienauflösung vollzieht sich ganz allmählich. Jetzt kommt auch die Zeit, in der sich die ehemaligen Reviergrenzen nach und nach auflösen. Die futtersuchenden Eltern dringen in die einstigen Nachbarreviere ein und allmählich zieht auch die ganze Familie immer weitere Kreise. Schon eine Woche nach dem Verlassen des Nestes kann man mitunter Pirolfamilien mehr als einen Kilometer vom Nest entfernt beobachten. Wann der Zeitpunkt gekommen ist, an dem sich die Familie endgültig auflöst, ist nicht sicher bekannt. Anscheinend fliegen die Männchen zuerst ihrer eigenen Wege.

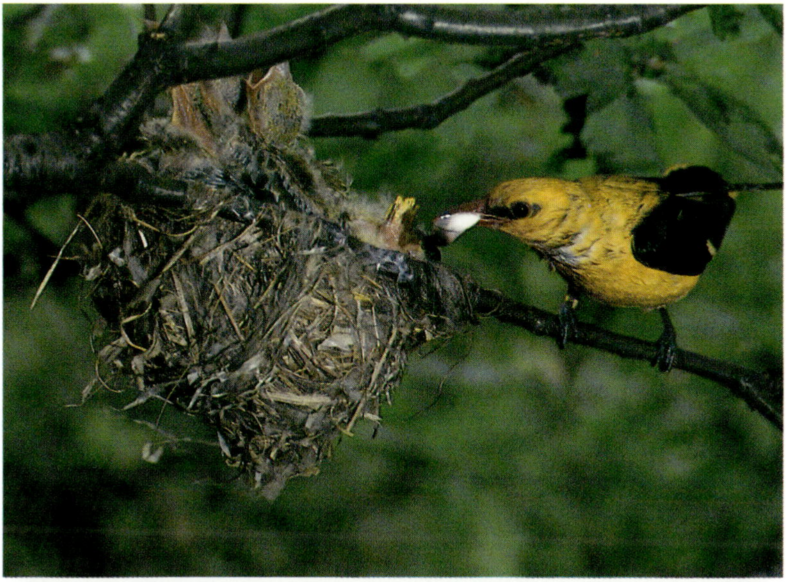

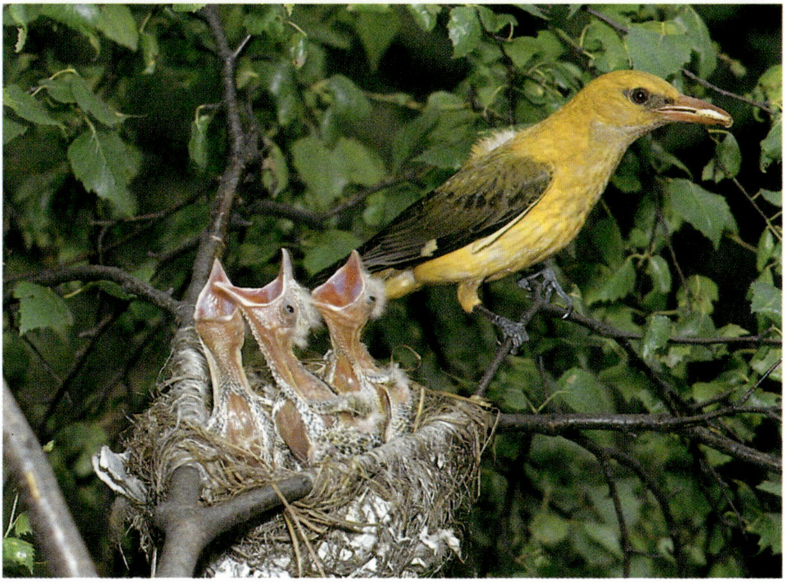

*Die ersten Schritte ins feindliche Leben. Noch ist das Gefieder nicht vollständig ausgewachsen*

Etwa gegen Ende Juli/Anfang August geht der Pirolsommer seinem Ende entgegen. Doch mit der erfolgreichen Aufzucht der Jungen ist es für die Altvögel nicht getan. Auch die Vorbereitungen für den Wegzug nach Afrika müssen getroffen werden. Sie beginnen fast unmerklich schon sehr früh, wenn die Weibchen womöglich noch auf den Eiern sitzen. Während der Brutpflege wird nämlich ein Teil der Federn gewechselt. Dieser Vorgang, den man als Mauser bezeichnet, tritt von Zeit zu Zeit bei jedem Vogel ein, denn die ausgewachsene Feder ist ein totes Gebilde und kann nicht nach Bedarf weiter wachsen. Abgenutzte und zerschlissene Federn müssen also erneuert werden.

Die Pirole wechseln während des Sommers nur einen Teil ihrer Federn, vor allem die kleinen Körperfedern und nur einige der großen für das Fliegen wichtigen Schwanz- und Flügelfedern. Eine Vollmauser, bei der alle Federn erneuert werden, ist für die Zeit im Winterquartier vorgesehen. Die Pirole fliegen also nur mit einem teilweise erneuerten Gefieder ab. Zu mehr reicht die Zeit nicht. Auch die Jungen wechseln vor ihrem Abzug ins Winterquartier noch einen Teil ihres Jugendkleides, das ihnen in der zweiten Hälfte ihrer Nestlingszeit gewachsen war.

Zu den unmittelbaren Reisevorbereitungen zählt die Anlagerung von Reservefett als Treibstoff für die lange Reise. Das kurz gewordene Ende des mitteleuropäischen Pirolsommers müssen die Vögel also noch nutzen, um tüchtig zuzulegen, damit es wenigstens für die ersten Etappen der Wanderung reicht.

Für den Beobachter werden Pirole schon vor ihrem endgültigen Verschwinden fast unsichtbar, zumal sie sich auch nicht mehr mit ihrem typischen Gesang melden. Die Suche nach energiereicher Nahrung nimmt sie jetzt ganz in Anspruch. Die Jungen müssen ihr ideales Zuggewicht erreichen, die Altvögel zunächst einmal die Verluste nach der anstrengenden Brutsaison wieder ausgleichen. Nach raschem Heimzug kommen die Pirole mit 60 – 65 g relativ mager im Brutgebiet an. Zu Beginn des Herbstzuges schwankt ihre Masse dann um 75 g, sie haben also um 15 – 20% zugelegt. Viele treten den Zug im Herbst mit einem Fettpolster an, das genügend Energiereserven für den Zug enthält. Spätsommer- und Frühherbsttage können dann noch in Südeuropa und Nordafrika zu Erholungsaufenthalten genutzt werden, während der oft eine weitere Zunahme der Körpermasse zu beobachten ist. Die schwersten Pirole Anfang September wogen über 100, im Extremfall sogar bis 120 g, wobei allein über 20 g auf das Fettdepot entfielen. Allerdings verfügen wir leider nur über wenige Meßdaten, die diese interessante Phase der Reisevorbereitung näher beschreiben.

In vielen Ländern des Mittelmeeres aber ist das Anlegen eines Fettpolsters seit langem bekannt, und Herbstpirole werden daher als eine willkommene Bereicherung des Speisezettels geschätzt – ein immer noch ungelöstes Problem des Naturschutzes.

Selbst J.A.NAUMANN schreibt ganz als Kind seiner Zeit im Kapitel über den Nutzen des bunten Vogels: „Auch ihr Fleisch ist wohlschmeckend und besonders nach der Kirschzeit mit gelbem Fett überzogen, vorzüglich das der Jungen; denn das der Alten ist im Frühjahr etwas zäh." Angewandte Physiologie nach Art der vorletzten Jahrhundertwende!

Allerdings: Kirschen und andere Früchte allein werden wahrscheinlich nicht ausreichen, um ein Fettpolster anzulegen. Insekten und andere Kleintiere bilden auch im Spätsommer wichtige Grundlage der Ernährung. Spätestens nach dem Zug über die Sahara sind die Fettvorräte aber wieder abgebaut; denn der Energieverbrauch auf dem Zug ist gewaltig!

# Wanderungen

# und Winterquartiere

Nahezu gleichzeitig verlassen die Pirole Europa Ende Juli/Anfang August. Zunächst scheinen die Familien gemeinsam die große Wanderung anzutreten. Die Männchen trennen sich dann allerdings bald von den Weibchen und den erwachsenen Jungvögeln. Einmal fielen Nestgeschwister aus Deutschland fast gleichzeitig in Italien der Vogeljagd zum Opfer. Das läßt darauf schließen, daß Familienmitglieder zumindest hin und wieder eine längere Strekke gemeinsam zurücklegen, vielleicht sogar bis ins Winterquartier. Der lange Weg dorthin ist aber nur teilweise bekannt, denn auch in der Erforschung seiner Wanderungen macht es der eigentlich so auffallend bunte Vogel den Forschern schwer, ihm auf die Schliche zu kommen.

**Vogelberingung zur Erforschung der Zugwege**

Über die Wanderwege der Zugvögel geben vor allem Wiederfunde beringter Vögel Aufschluß. Doch die Zahl der Pirole, die entweder als Altvögel in die Hände von Wissenschaftlern gelangen oder als Nestlinge mit Leichtmetallringen der amtlichen Beringungszentralen markiert werden, ist bescheiden. Der sichere Neststandort hoch oben im Wipfel der Bäume an schwankenden Ästen ist für den Beringer ein großes Hindernis. Und selbstverständlich gilt für alle wissenschaftlichen Untersuchungen an freilebenden Tieren der Grundsatz: So wenig wie möglich stören.

Bei den meisten Vogelarten können Nestlinge vorsichtig aus dem Nest genommen und mit wissenschaftlichen Beinringen versehen werden, ohne daß auch nur die geringste Gefahr für das Überleben der Jungvögel besteht. Allerdings sind viele Vorsichtsmaßnahmen zu beachten, und nur geprüfte Fachkräfte erhalten die Erlaubnis zur wissenschaftlichen Vogelberingung von den dafür zuständigen Naturschutzbehörden.

Wissenschaftliche Vogelringe werden von eigenen Beringungszentralen ausgegeben; sie enthalten immer die Bezeichnung eines Landes und eines Institutes sowie eine laufende Seriennummer. Dadurch unterscheiden sie sich von Privatringen, die Züchter und Vogelhalter verwenden. Auf ihnen finden sich meist nur Buchstaben- und Zahlenkombinationen.

Für die Bundesrepublik sind die Vogelwarte Radolfzell im Süden und das Institut für Vogelforschung in Wilhelmshaven (ehemalige Vogelwarte Helgoland) im Norden zuständig; die hier verwendeten Ringe tragen neben der Seriennummer daher die Aufschrift „Radolfzell Germania" oder „Helgoland".

In der DDR werden die Ringe von der Vogelwarte Hiddensee ausgegeben. Berühmt sind ferner die Beringungszentralen in Stockholm, Arnhem, Kopenhagen, Paris oder Moskau. Fast alle europäischen Länder verfügen über solche wissenschaftlichen Beringungszentralen, die nicht nur miteinander in internationalem Austausch stehen, sondern auch eine eigene Organisation mit Datenbank („Euring") gegründet haben. Millionen von Vögeln wurden in Europa beringt; da ist natürlich moderne elektronische Datenverarbeitung nötig, um noch die Übersicht zu behalten und vor allem die wissenschaftliche Auswertung zu sichern.

Unter den Millionen Ringvögeln, deren Daten in der Euring-Datenbank gespeichert sind, befinden sich nur einige tausend Pirole. Und nur einem glücklichen Zufall ist es zu danken, wenn die Rückmeldung eines beringten Vogels aus einem fernen Land eintrifft. So ist es kein Wunder, daß die Erfolgsquote der Beringungen sehr niedrig liegt.

Ein Beispiel: Von 6020 Pirolen, die mit Ringen der Zentralen Radolfzell, Helgoland, Arnhem, Sempach, Moskau, Budapest und Zagreb markiert worden waren, trafen nur 43 Wiederfunde ein, also etwa 1%!

Immerhin konnte aber der große Atlas der Wiederfunde beringter europäischer Singvögel, den GERHARDT ZINK, der langjährige Leiter der Beringungszentrale an der Vogelwarte Radolfzell, in mühseliger Kleinarbeit unter Auswertung Zehntausender von Ringfunden zusammenstellte, bei seiner Pirolkarte auf 91 Fernfunde zurückgreifen, von denen 56 beringte Nestlinge und 30 als flügge gefangene Pirole betrafen. Funde von Nestlingen sind natürlich besonders interessant, denn sie liefern eindeutige Hinweise auf den Geburtsort und das Alter des Vogels. Bei Fänglingen kann man dagegen oft nur vermuten, wo sie herstammen und wie alt sie sind.

**Flug übers Mittelmeer** Diese wenigen Ringfunde, zu denen neuerdings noch einige weitere gekommen sind, ergeben ein überraschendes Bild:
Mitteleuropäische Pirole verlassen im Gegensatz zu den meisten Singvögeln ihr Brutgebiet im Sommer vorzugsweise in Südost-Richtung. Der Nordrand des Mittelmeeres wird zwischen dem Absatz des Stiefels von Italien und der Westküste Kleinasiens erreicht. Der Flug über das Meer wird also vor allem von Griechenland aus über Kreta und die Ägäischen Inseln und entlang der türkischen Westküste angetreten. So waren z.B. Nestlinge aus der Gegend um Magdeburg und Leipzig von Ende August bis Mitte September auf den griechischen Inseln Zakynthos und Naxos und ein bei Greifswald geborener Pirol hatte bereits am 5. September Ägypten westlich von Alexandria erreicht.
Gelegentlich reißt auch einmal einer in reiner Ostrichtung aus, wie ein Jungvogel aus der Pfalz, den man im August weit außerhalb der normalen Zugroute nördlich des Schwarzen Meeres in der Ukraine wiederfand.
Der Zug des Pirols über das östliche Mittelmeer und seinen Inseln wird regelrecht erwartet:
Der Eleonorenfalke (*Falco eleonorae*) auf den Ägäischen Inseln hat sein Leben weitgehend auf die Zugvögel aus Mittel- und Nordeuropa eingestellt. Er brütet so spät, daß er noch Junge hat, wenn die ersten Zugvögel aus dem Norden eintreffen und vom Flug übers Meer etwas geschwächt sind. Auf den kargen Inseln bedeuten Zugvögel eine wichtige Nahrungsquelle für die Aufzucht der Jungen, und Pirole sind ihrer Größe nach eine ideale Beute für den schnellen Vogeljäger und neben anderen Arten regelmäßig als feste Bestandteile seiner Beuteliste nachzuweisen.
ELEONORA VON ARBOREA, durch ihre vorausschauende Gesetzgebung im 14. Jahrhundert als Nationalheldin Sardiniens verehrt, ist übrigens die Namenspatronin des Eleonorenfalken, der erst im 19.Jahrhundert auf Sardinien für die Wissenschaft entdeckt wurde.

*Zugwege im Herbst*

*Die kahlen Inseln der Ägäis sind für den Pirol „Trittsteine" bei dem Flug über das Meer...*

... doch Gefahren lauern überall: Eleonorenfalken, die erst im Spätsommer Junge haben, sind ausgezeichnete Vogeljäger!

Nach dem Mittelmeer
fordert die Wüste von
den wandernden Piro-
len Höchstleistungen

Allerdings darf man sich bei der Beschreibung der
Zugwege des Pirols von der Verteilung der bisherigen Wiederfunde nicht täuschen lassen. In Westeuropa sind nämlich bisher wohl relativ wenige Pirole
beringt worden; jedenfalls gibt es so gut wie keine
Wiederfunde. Einzelne Vögel scheinen zwar auch
hier einen Hang zum Osten zu haben – so flog ein
Pirol von Südfrankreich nach Italien –, doch beobachtet man seit langem, daß Pirole regelmäßig die
Straße von Gibraltar überqueren und damit unter
Umgehung des offenen Mittelmeeres nach Afrika
gelangen. Da bisher kein mitteleuropäischer Pirol
auf seinem Wegzug ins Winterquartier in Westeuropa gefunden wurde, muß man annehmen, daß die
Durchzügler zwischen Südspanien und Marokko
aus Frankreich und Spanien stammen.

Das würde also bedeuten, daß die Pirole Europas in
zwei verschiedenen Hauptrichtungen nach Afrika
gelangen, nämlich die Brutvögel von Mittel- und
Osteuropa in Richtung Südost, die Brutvögel West-
europas in Richtung Südwest. Damit stimmt über-
ein, daß z.B. im mittleren und westlichen Nordafrika, etwa in Libyen und Tunesien sowie im westlichen Algerien, im Herbst nur wenig Pirole beobachtet werden. Sicher gelangen aber auch einige
über den Stiefel Italiens und Sizilien an den Nordrand der Sahara, zumindest die Brutvögel Italiens.
Irgendwo zwischen dem Rheinland und dem mittleren Frankreich oder zwischen Frankreich und Spanien muß also ein Gebiet liegen, das Südwest- von
Südostzüglern trennt.

Solche „Zugscheiden" trifft man auch bei anderen
Vögeln, wenn auch die Wegzugsrichtung Südost für
Mitteleuropäer im allgemeinen recht selten ist.
Unter den Singvögeln zeigt z.B. die Mönchsgras-
mücke (*Sylvia atricapilla*) eine solche Zugscheide:
Ein Teil unserer Brutvögel zieht nach Südosten, ein
anderer nach Südwesten ab.

Die Wegzugsrichtungen erklären auch, warum zumindest im Herbst Pirole am Nordrand der Alpen
eine ganz außergewöhnliche Erscheinung sind. Im
Gebiet um Garmisch-Partenkirchen sahen wir z.B.
innerhalb von 15 Jahren im Mai/Juni 22 mal Pirole
(die im Gebiet nicht brüten), im August/September
dagegen nur 4 mal. Im Herbst sind aber sicher viel
mehr Pirole unterwegs, da ja zu den Altvögeln noch

Oasen sind lebens-
wichtige Rastplätze für
alle Transsahara-
Zieher

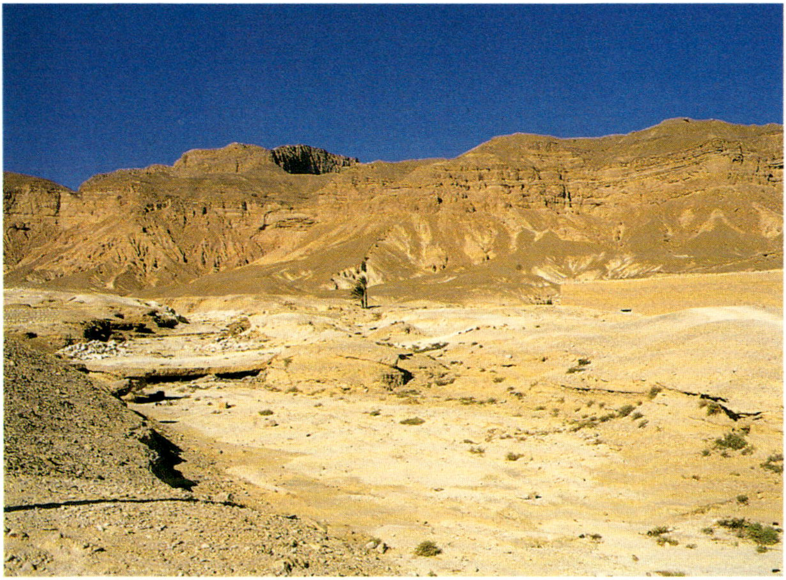

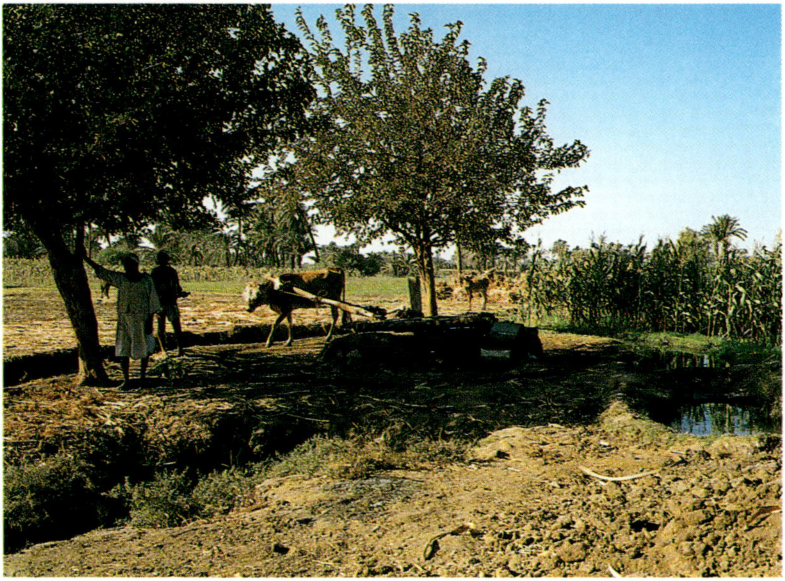

die im Sommer geborenen Jungen dazukommen, deren Zahl sich auf ihrer ersten Wanderung in eine gefährliche Zukunft in den folgenden Monaten noch stark reduziert. Auf die merkwürdigen Unterschiede zwischen Frühjahr und Herbst werden wir gleich noch zurückkommen.

Ein kleines Problem bleibt allerdings noch für solche Pirole, die etwa von Westdeutschland in das Ägäische Meer oder nach Anatolien ziehen. Sie müssen dann rechtzeitig aus der Südostrichtung nach Süden drehen, um nicht nach Arabien oder Vorderasien statt nach Afrika zu geraten. Solche Zugknicks sind für viele aus Europa abziehende Vögel typisch. Sie helfen, manche Hochgebirge (z.B. Alpen) und das Mittelmeer zumindest an der breitesten Stelle zu umfliegen.

Sicher werden dadurch besonders gefährliche Gebiete gemieden, doch viele Zugvögel können es auch anders und überfliegen Alpen wie Mittelmeer scheinbar unbekümmert in breiter Front.

Bei Grasmücken hat man in Laborversuchen herausgefunden, daß auch solche Änderungen der Zugrichtungen, etwa über Spanien von Südwest nach Süd, in einem inneren Programm eingespeichert sind, das dann rechtzeitig abgerufen wird. So finden auch Vögel ohne persönliche Erfahrungen, die das erste Mal unterwegs sind, mit Hilfe ihrer angeborenen Ausrüstung den Weg.

**Winterquartiere in Afrika**

Haben Pirole erst einmal die Nordküste Afrikas erreicht, ist ihr Weg schwer zu verfolgen, denn Ringfunde in menschenleeren Gebieten sind nicht zu erwarten. Sicher spielt das Niltal eine große Rolle in der Überwindung der großen Durststrecke über die Sahara. In Ägypten findet der Durchzug z.B. von Mitte August bis Mitte/Ende Oktober statt. Sonst muß die Sahara wohl mehr oder weniger in einem Non-Stop-Flug überwunden werden.

Allerdings hat sich neuerdings herausgestellt, daß die Oasen in der Wüste für viele Zugvögel wichtige Stützpunkte und Trittsteine darstellen und offenbar als Tankstationen eine viel größere Bedeutung haben, als man bisher vermutete. Sicher machen auch Pirole davon Gebrauch.

Ab Mitte September bis Oktober ist das Winterquartier erreicht. Sein Schwerpunkt liegt im tropi-

*Der Nil bedeutet eine wichtige Zugstraße durch den Wüstengürtel Nordafrikas und Arabiens*

*Hand-
decke*

*6. Steuer-
feder*

schen Ostafrika etwa auf den Gebieten der Länder Uganda und Kenia. Von dort strahlt es nach Süden bis ins Kapland und weiter nach Westen bis Namibia und Angola aus. Man kann also davon ausgehen, daß die größten Zugstrecken einzelner Pirole länger sind als 8000 km! Diese gewaltige Strecke muß aber zweimal im Jahr zurückgelegt werden.

In das große ostafrikanische Winterquartier wandern vermutlich auch die in Osteuropa und Westsibirien brütenden Pirole ein. Sie erreichen ihr Ziel auf einer Südroute durch die Sowjetunion und dann über Anatolien, Libanon und Israel. Die östlich des Ural brütenden Vögel müssen etwas nach Südwesten abdrehen, um über Iran und die Arabische Halbinsel nach Ostafrika zu gelangen.

Wo überwintern die Pirole, die von Westeuropa über Gibraltar ins westliche Afrika einwandern? Wahrscheinlich in Gambia und Guinea im äußersten Westen des schwarzen Kontinents. Denn dort hat man ein kleines isoliertes Wintergebiet entdeckt, das offenbar keinen Zusammenhang mit der Winterverbreitung des Pirols in Ost- und Südafrika hat. Allerdings scheinen die auf dem Durchzug vor allem im östlichen Mittelmeer und Ägypten so auffälligen Pirole im tropischen Afrika regelrecht zu verschwinden. Die Zahl der Winterbeobachtungen entspricht nämlich nicht entfernt der Menge der Feststellungen auf dem Herbstzug. Das hängt wohl ganz einfach damit zusammen, daß die tropischen Wälder hervorragende Versteckmöglichkeiten bieten. Außerdem kommen die Sommervögel aus Europa und Asien in den Lebensraum des sehr ähnlichen afrikanischen Schwarzohrpirols, was die Beobachtung und Artfeststellung zusätzlich erschwert.

Man darf also durchaus noch unentdeckte Winterquartiere des europäischen Pirols in den tropischen Wäldern Afrikas vermuten.

Bis April bleiben die mitteleuropäischen Pirole im afrikanischen Winterquartier. Der tropische Pirolwinter ist also etwa doppelt so lang wie der kurze Sommer im europäischen Brutgebiet. Der Pirol steht damit aber nicht allein in der mitteleuropäischen Vogelwelt:

Andere Langstreckenzieher, wie Mauersegler, Kuckuck, Sumpfrohrsänger oder Neuntöter geben bei uns auch nur eine kurze Gastrolle.

Jetzt ist vor allem Zeit, den vollständigen Wechsel des Gefieders vorzunehmen. Bei den meisten Zugvögeln sind die drei besonders energieaufwendigen Perioden im Vogeljahr, nämlich Wanderung, Brutgeschäft und Gefiederwechsel, zeitlich zumindest weitgehend voneinander getrennt. Das Gefieder kann nicht dann gewechselt werden, wenn optimale Flugfähigkeit gefragt ist, also z.B. während des Zuges oder in der Zeit der Fütterung der Nestlinge. Zudem ist dann auch der vom Organismus zu leistende Energieaufwand besonders hoch; die Federbildung würde den ohnehin angespannten Stoffwechsel noch zusätzlich belasten.

Energieaufwendig sind aber auch Revierverteidigung, Nestbau und Bebrütung der Eier; beim Weibchen kommt noch die Belastung des Körpers durch Bereitstellung von Nährstoffen für die Eier dazu.

Nur ein kleiner Teil der Federn kann daher während der Brutzeit im kurzen europäischen Pirolsommer gemausert werden (vgl. „Pirolsommer in Europa"), denn die Zeit bis zum Abzug ist sehr kurz und neben der Jungenbetreuung kann nur ein kleiner Neuaufbau von Federn verkraftet werden.

Im Winterquartier ist dagegen nicht nur genügend Zeit für eine Vollmauser der Gefieders, der Vogel kann sich jetzt auch hauptsächlich der Nahrungssuche widmen und damit leichter die Baustoffe für die neu wachsenden Federn bereitstellen.

Aber auch jetzt scheint sich der Gefiederwechsel nur ganz allmählich zu vollziehen. Nach Gefangenschaftsbeobachtungen dürfte allein der Wechsel der Flügel- und Schwanzfedern, die man als Großgefieder zusammenfaßt, 40 – 60 Tage in Anspruch nehmen. Während der Großgefiedermauser muß die Flugfähigkeit erhalten bleiben, und so empfiehlt sich schon aus diesem Grund ein langsamer und methodischer Ablauf. So fiel bei Pirolen in Gefangenschaft nur alle 6 – 7 Tage eine Handschwinge an jedem Flügel aus und wurde dann durch die jeweils nachwachsende Feder ersetzt. Damit ist erreicht, daß die Federlücke in der Spitzenhälfte des Flügels möglichst klein bleibt. Ähnlich systematisch mausern Schwanz und innere Flügelhälfte, die von den Armschwingen gebildet wird.

**Federwechsel braucht seine Zeit**

*8. Handschwinge*

In der langen Zeit des Winteraufenthaltes bietet sich also die einzige Gelegenheit im Jahr, das Gefieder vollständig zu erneuern, bevor für die rasch ablaufende Rückreise in die nördlichen Brutgebiete wieder ausreichend Reservefett im Körper angelagert werden muß.

Nicht alle Langstreckenzieher mausern ihr Gefieder in der gleichen zeitlichen Einteilung wie der Pirol. Doch bei allen läßt sich je nach Wanderwegen und Jahresrhythmus eine Anpassung an möglichst gute Verteilung der Energiebelastung des Körpers feststellen.

**Rückzug auf neuen Wegen: Schleifenzug**

Wie unser Pirol im Winterquartier lebt, ist fast ganz unbekannt.

Einige Beobachtungen machen wahrscheinlich, daß er sich ähnlich seinen tropischen Verwandten zumindest zeitweise stärker auf Früchtenahrung umstellt. Wie in Europa zieht er z.B. auch in Ostafrika nicht zu dichte Wälder vor und erscheint auch hin und wieder in Gärten und zumindest auf dem Durchzug in der typischen Baumsavanne mit locker stehenden Einzelbäumen.

Der Rückzug in die Brutheimat bietet ähnlich wie der Herbstzug einige Überraschungen und noch manche unbeantwortete Fragen. In Ägypten liegt die Hauptzeit des Rückzuges zwischen Mitte April und Mitte Mai. Das ist für Brutvögel Mitteleuropas eigentlich etwas spät. Manchmal sind die zurück in die Brutheimat flutenden Pirolscharen im Norden des Landes gewaltig. So beobachtet man z.B. bei Alexandria am 27. April 1982 Tausende – das muß ein einmaliges Bild gewesen sein. Es gibt aber nun viele Gründe zu vermuten, daß es sich dabei nicht um unsere europäischen Pirole handelt, sondern in erster Linie um zurückwandernde Osteuropäer und Brutvögel Asiens, die auch im Herbst über das östliche Mittelmeer und über die Länder weiter östlich nach Afrika geströmt waren. Die Analyse der Ringfunde europäischer Pirole deutet vielmehr an, daß diese Vögel eine andere, weiter westlich gelegene Route für den raschen Rückflug in das Brutgebiet wählen und diesmal vor allem über Sizilien und Italien kommen.

Wenn ein Zugvogel verschiedene Wege für den Zug vom und zum Brutgebiet wählt, liegt ein

*2. Arm-schwinge*

*Der Lebensraum im Winterquartier: Regenwälder an den Hängen ostafrikanischer Vulkane*

sogenannter Schleifenzug vor. Pirole ziehen also nicht einfach zwischen Europa und Afrika in einem Pendelverkehr hin und her, sondern wählen im Herbst eine östliche Route mit Hauptrichtung Südost, im Frühjahr eine mehr westlich gelegene mit Hauptrichtung Nord bzw. Nordwest. Sie führen also eine riesige Schleife im Uhrzeigersinn aus.

Die bisher vorliegenden Ringfunde deuten an, daß im Durchschnitt der Rückzugsweg 8 Breitengrade weiter westlich als die Herbstroute liegt. Das ist auf der Höhe der nordafrikanischen Küste eine Entfernung von über 1400 km. Allerdings wäre es falsch, anzunehmen, Pirole würden auf regelrechten Luftstraßen fliegen wie die Linienjets zwischen den großen Flughäfen. Die Zugrouten sind vielmehr breite Bänder und auch für Vögel, die von einem bestimmten Ort aufgebrochen sind, sicher nicht genau festgelegt. An manchen günstigen Stellen, wie Pässen, Meerengen oder auf Inseln verdichten sich die Ströme der Wanderer. Pirole können allerdings auch höhere Gebirge überfliegen. So hat man z.B. in den Alpen auf dem Großglockner (3000 m) und dem Finsteraarhorn (4200 m) und in den innerasiatischen Gebirgen bis über 3500 m schon einzelne Vögel nachgewiesen.

Für Einzelvögel kommen erstaunliche Unterschiede in der Herbst- und Frühjahrsroute heraus. So war ein am 1. Mai 1955 in Tunesien auf dem Heimzug beringter Pirol zwei Jahre später auf dem Wegzug ins Winterquartier Anfang September in Nordostgriechenland, rund 12 Breitengrade oder fast 2200 km weiter östlich.

Ein in Marrokko am 30. April mit einem Ring gekennzeichneter Rückzügler war im August des folgenden Jahres in Belgien. Man darf annehmen, daß er wie die anderen Vögel seiner Umgebung ebenfalls nach Südosten ins Winterquartier abgezogen wäre, hätte ihn sein Schicksal nicht vorher ereilt. Das würde aber bedeuten, daß sein Herbstzug 20 – 30 Breitengrade weiter östlich gelegen hätte. Doch kann dieser Fund auch anders interpretiert werden: Es könnte ja auch sein, daß es sich um einen der westeuropäischen Pirole gehandelt hat, die nach Südwesten abziehen. Auf dem Heimzug war er dann lediglich etwas über das Ziel hinausgeschossen.

Das kommt immer wieder vor, so daß z.B. Pirole als seltene Gäste in Nordeuropa nördlich ihres normalen Brutgebietes auftauchen. Nach solchen oft vom Frühjahrswetter begünstigten Zugverlängerungen in unbekannte Gebiete werden Pirole z.B. gelegentlich in Norwegen auf der Breite der Lofoten oder am Nordende des Bottnischen Meerbusens in Schweden und Finnland gesehen (vgl. „Geographie einer Vogelfamilie"). Man muß also mit der Interpretation einzelner Ringfunde sehr vorsichtig sein, und erst viele Punkte auf einer Ringfundkarte lassen die Zugwege deutlich erkennen.

Wie dem auch sei, der Schleifenzug setzt voraus, daß jeder einzelne Vogel verschiedene Hauptzugrichtungen beherrschen muß, um vom Geburtsort in Europa sicher ins afrikanische Winterquartier und von dort wieder zurück zu kommen. Ganz in Übereinstimmung mit den Ringfunden sieht man in Tunesien, auf Malta und in ganz Nordwestafrika im Frühjahr viel mehr Pirole als im Herbst. Welchen Vorteil allerdings ein solch kompliziertes Zugverhalten für den Vogel bringt, ist nicht geklärt. Möglicherweise spielen Unterschiede in der Großwetterlage zwischen Herbst und Frühling eine Rolle. Sicher ist auf alle Fälle, daß Pirole im Frühjahr viel weniger Zeit haben, die gewaltige Strecke zu überwinden als im Herbst. Normalerweise ist innerhalb eines Monats die Reise ins Brutgebiet beendet. Die Pirole treten gewissermaßen ausgeruht die Wanderung an und können es sich erlauben, auf direktem Weg zum Brutplatz zurückzukehren.

Im Herbst dagegen bieten z.B. reife Früchte, etwa im Mittelmeergebiet und in Kleinasien die Feigen, willkommene Gelegenheit, ausgiebig zu rasten und nach dem Streß der Brutzeit noch Kräfte für die weiteren Etappen aufzubauen. Beliebte Rastplätze sind daher Obstanlagen, Olivenhaine, Weingärten und in Trockengebieten Oasen und Wasserstellen. Anfang bis Mitte April erscheinen die Heimzügler am Südrand des Mittelmeeres; bis Anfang Mai ist der Durchzug hier beendet. Die alten Männchen eröffnen den Heimzug und haben zunächst einen Vorsprung von etwa 10 Tagen, den sie oft noch bis ins Brutgebiet halten. Es ist für sie von Vorteil, als erste einzutreffen, um sich rechtzeitig ein günstiges Brutrevier zu sichern.

Die Mittelwerte der Ankunft verschieben sich nach Norden jeweils um einige Tage. Die meisten Pirole sind bis Mitte Mai zurückgekehrt, in Mittel- und Westsibirien dauert es oft noch bis Ende des Monats. Hier ist dann der Pirolsommer besonders kurz.

Die Ankunftsdaten lassen übrigens erkennen, daß während der letzten Zugetappen in Europa offensichtlich etwa 40 – 60 km täglich zurückgelegt werden. Das sagt aber noch nichts über die möglichen Höchstleistungen aus. Sicher müssen Pirole, die Meeresteile oder die Sahara überfliegen, auch schon einmal mehrere hundert Kilometer an einem Stück bewältigen. Man schätzt, daß die Fluggeschwindigkeit der Pirole im Streckenflug etwa 40 km pro Stunde beträgt.

Im Herbst sind Pirole meist in der Nacht unterwegs und rasten bei Tage. Das haben sie mit vielen Zugvögeln gemeinsam. Vor allem in warmen Ländern bietet der Nachtzug sicher einen Vorteil für den Wasserhaushalt, denn beim kräftezehrenden Streckenflug verdunstet der Körper über den geöffneten Schnabel viel Wasser. Außerdem kann das Tageslicht dann zur Nahrungssuche genutzt werden. Im Frühjahr dagegen, wenn es die Vögel eiliger haben und die Erwärmung der Luft vor allem im Mittelmeergebiet noch nicht so stark ist, sieht man wesentlich mehr Pirole als im Herbst auch tagsüber auf der Wanderung. Meist fliegen die Vögel einzeln, selten im Schwarm.

Die Zughöhe ist erstaunlich niedrig. Wahrscheinlich die meisten fliegen weniger als 50 m hoch über dem Boden, wohl kaum einer über 100 m. Doch das sind Beobachtungen von Tagzüglern; wie die Pirole die großen Strecken in der Nacht bewältigen, wissen wir nicht.

**Treue zur Heimat?** Eine wichtige Frage bleibt noch offen: Kehren Pirole wieder genau an ihren Geburtsort oder an ihren vorjährigen Brutplatz zurück?

Ausgeprägte Ortstreue hat man aus der jahrelangen Besetzung derselben Reviere geschlossen, die auch dann noch gehalten wurden, als einzelne Bäume gefällt waren oder sich sonstige nicht allzugroße Änderungen ergaben. Wiederholt hat man die Nutzung desselben Nestbaumes, ja auch derselben Astgabel und ausnahmsweise auch des vorjährigen Nestes beobachtet. Doch das sind natürlich alles keine einwandfreien Beweise für die Rückkehr der vorjährigen Brutvögel.

Unter den Ringfunden gibt es nun aber auch wenige, die zumindest für Einzelfälle Treue zum Geburtsort bestätigen. Einige als Nestlinge beringte Pirole sind in späteren Jahren 2 – 5 km von ihrem genauen Geburtsort entfernt gefunden worden. Interessanterweise gibt es auch mindestens zwei Wiederfunde in 3 bzw. 10 km Entfernung vom Geburtsort schon im zweiten Kalenderjahr, wenn also die Pirole normalerweise noch nicht brutreif sind. Sie lernen also schon vor ihrer ersten Brut die Umgebung ihrer zukünftigen Reviere kennen.

Einige Altvögel sind ebenfalls in verschiedenen Jahren am selben Brutplatz nachgewiesen worden. Solche Brutplatztreue kann dazu beitragen, daß in Vorjahren gesammelte Erfahrung und erworbene Vertrautheit mit den lokalen Verhältnissen den Bruterfolg vergrößern.

Wie die Pirole und viele andere Langstreckenzieher den genauen Brutplatz zielsicher ansteuern, wissen wir noch nicht.

Wahrscheinlich sind daran verschiedene Mechanismen beteiligt, über die Orientierungsforscher gerade sehr lebhaft diskutieren und mit komplizierten Experimenten offene Fragen zu beantworten versuchen.

127

Pirol

und Naturschutz

**D**er Deutsche Bund für Vogelschutz und der Landesbund für Vogelschutz in Bayern, die beiden großen Fachverbände für den Vogelschutz in der Bundesrepublik Deutschland, haben den Pirol zum Vogel des Jahres 1990 erklärt.

Mit dem „Vogel des Jahres" soll eine breite Öffentlichkeit gezielt auf aktuelle Probleme des Artenschutzes hingewiesen und mit besonders brennenden Naturschutzfragen vertraut gemacht werden. Die Vorgänger des Pirols, nämlich Teichrohrsänger (*Acrocephalus scirpaceus*) 1989, Wendehals (*Iynx torquilla*) 1988, Braunkehlchen (*Saxicola rubetra*) 1987 oder Neuntöter (*Lanius collurio*) 1986, lassen klar erkennen, worum es den Fachleuten des Vogelschutzes bei dieser Wahl zum „Vogel des Jahres" geht, nämlich zunächst ein Tier unserer Heimat bekannt zu machen, das der Öffentlichkeit weitgehend unbekannt geblieben ist. Und wenn man zu Beginn des Jahres die hektische Betriebsamkeit in den Redaktionsstuben der Tageszeitungen erlebt, deren Mitarbeiter sich plötzlich mit Aussehen und Lebensgewohnheiten eines kleinen Piepmatzes, von dem sie noch nie etwas gehört hatten, vertraut machen müssen, um ihre Leser aktuell zu informieren, dann hat sich die Pressearbeit der Vogelschützer sicher schon gelohnt. Mittlerweile ist der „Vogel des Jahres" zu einer festen Einrichtung auf dem „Informationsmarkt" geworden und in vieler Munde.

**Bedrohter Lebensraum**

Aber mit dem Vogel allein ist es nicht getan. Auch wenn es immer noch nicht alle Tierfreunde wahrhaben wollen: Man kann eine Tierart nur dann schützen und vor dem Aussterben bewahren, wenn man ihren Lebensraum erhält. Artenschutz ohne Lebensraumschutz ist sinnlos und die häufig zu hörende bürokratische Zweiteilung des Naturschutzes in Arten- und Biotopschutz darf nicht dazu führen, daß man aneinander vorbeiredet.

So stand denn auch der Neuntöter für die Erhaltung einer abwechslungsreichen Agrarlandschaft, in der Hecken und Feldgehölze ihren Platz haben, und als Insektenverzehrer für die Probleme des Einsatzes von Insektentötungsmitteln (Insektiziden) in der Landwirtschaft.

Das Braunkehlchen ist ein Vertreter der Lebensgemeinschaft Wiese, die durch die vehemente Intensi-

*Vogel des Jahres 1989: Teichrohrsänger*

vierung der Grünlandwirtschaft mit Trockenlegungen, Mineraldüngung und Zunahme der Zahl der Grasschnitte pro Jahr im Zeitalter der Massentierhaltung in vielen Gegenden verschwunden ist. So zählt mittlerweile der bescheidene Singvogel, dem niemand etwas zuleide tut, zu den am stärksten bedrohten Vogelarten Mitteleuropas. Auf intensiv gedüngten Grünflächen, die an die Stelle blumenreicher Wiesen getreten sind, hat er wie viele andere Tiere keine Überlebenschance.

Der Teichrohrsänger schließlich ist die Symbolfigur für das Schilf und die artenreiche Lebensgemeinschaft im Bereich der Uferzone der Binnengewässer. Die Bemühungen, ihn und seinen Lebensraum zu schützen, kommen also vielen heimischen Tieren und Pflanzen zugute, nicht zuletzt aber auch einer ökologischen Hilfe für viele stark belastete Gewässer.

Ganz ähnlich ist es mit dem Pirol, der ein auffallendes Glied der Lebensgemeinschaften verschiedener Laubwaldtypen und in manchen Gebieten auch des trockenen Kiefernwaldes darstellt.

Im Lauf der letzten Jahrhunderte hat der Wald nicht nur viel an Boden verloren. Er ist durch wirtschaftliche Gesichtspunkte in der Forstwirtschaft vergangener Jahrzehnte auch stark verändert worden:

Laub- und Mischwald zugunsten einheitlicher Nadelbestände und strenger Altersklassenwald mit einheitlichem, gleichaltem Baumbestand haben naturnahe Bestände mit einer Vielfalt an Vegetationsschichten oder buntem Wechsel der Bestandsformen teilweise ersetzt. Noch immer springen wir mit dem Wald sehr übel um, und die meisten Eingriffe schaden ihm und seinen tierischen Bewohnern. Auch heute noch glaubt man manchmal sehr leichtfertig, große Waldflächen baulichen Vorhaben aller Art opfern zu müssen.

Für den Pirol haben sicher nicht alle Veränderungen im Waldbild durch die Hand des Menschen zu Nachteilen geführt. Auflichtung dichter Baumbestände durch Wege und Straßen, Anpflanzung von Alleen und manche Aufforstungen dürften ihm neue Lebensräume geboten haben, oft genug allerdings sicher nur ein schwacher Ersatz für Einbußen an ehemals besiedeltem Lebensraum.

*Vogel des Jahres 1986: Neuntöter (Männchen)*

*Vogel des Jahres 1987: Braunkehlchen (Weib-chen)*

Die allgemeine Gefährdung des Waldes durch das Baumsterben, das nach den Fichten mittlerweile auch Laubbäume erfaßt hat, läßt sich derzeit noch nicht absehen, denn Prozentwerte schwer oder mittel geschädigter Bäume für einzelne Bundesländer in den offiziellen Waldschadensberichten besagen noch wenig über die Auswirkung dieser Schäden für die im Wald lebenden Tiere. Sicher haben wir mit lang nachwirkenden Folgen zu rechnen, auch wenn man das Waldsterben einigermaßen in den Griff bekommen sollte – was derzeit noch keineswegs sicher ist.

**Kostbarkeit Auwald** Pirole sind vor allem für bestimmte Waldtypen, die besonders gefährdet sind, typische Bewohner, wie Eichenwälder und besonders Auwälder. Sie stehen damit für viele gefährdete Tiere, die im Sommer mit ihnen den Lebensraum teilen.

Besondere Sorgenkinder des Naturschutzes sind die Auwälder.

Hierunter versteht man ganz allgemein Wälder, die Fließgewässer begleiten und im Einflußbereich der Hochwässer stehen. Je nachdem wie hoch der Standort über dem Mittelwasserstand eines Flusses liegt, bestimmt Wasser unterschiedlich stark Entwicklung und Aufbau der Auwälder. Sie zählen zu den artenreichsten Lebensgemeinschaften Mitteleuropas. So hat man auf wenigen km² 140 Pflanzenarten, über 1000 Käferarten und 400 – 500 Großschmetterlinge nachgewiesen. Auen bieten Lebensraum für die meisten der einheimischen Amphibien und für 150 – 200 Vogelarten.

Ursache des vielfältigen Lebens im Auwald ist die gestaltende und lebensspendende Kraft des fließenden Wassers. Wechselvolle Hochwässer, bei uns meistens im späten Frühjahr, sorgen für Anschwemmungen an Boden und Pflanzensamen, säubern Kies- und Sandflächen und geben damit wieder den Start frei für die ersten Stadien einer Lebensgemeinschaft von Pflanzen und Tieren, die man als Pioniere bezeichnen kann. Auf Flächen, die nur selten oder unregelmäßig vom Hochwasser erreicht werden, können Büsche gedeihen, die dann allmählich in Baumbestände übergehen.

Immer wieder aber sorgt die Natur dafür, daß eingeschlagene Entwicklungen unterbrochen wer-

den. Durch dieses ständige Hin und Her entsteht
eine Vielfalt an Strukturen, die vielen Lebewesen
nebeneinander auf engem Raum die Existenz er-
möglicht, aber auch immer wieder für Veränderung
sorgt.

Für den Pirol sind die Endstadien des Auwaldes der
wichigste Lebensraum. Die Weichholzaue mit verschiedenen Weidenarten, Grauerle und Schwarz-
pappel, aber auch die weiter vom Wasser entfernte
Hartholzaue mit vielen Baumarten, darunter Ul-
men, Hainbuchen, Eichen und Rotbuchen wird von
ihm besiedelt. Die unterschiedlichsten Typen der
Waldstruktur in den Niederungen der Flußtäler
und so gut wie alle hier vorkommenden Baumarten
sind für Pirole nutzbar.

Ungestörte Auwälder haben Urwaldcharakter mit
mehreren ineinander übergehenden Stock-
werken; besonders kräftige Hochwässer
sorgen durch Ausspülungen wieder für Lichtungen. Eine bunte Stauden- und Krautflur
kann vor allem dort entstehen, wo genügend
Sonnenlicht durch die Bäume bis auf den
Boden dringt. Die Masse und die Vielfalt an
Insekten sichert dem Pirol ein reichhaltiges
Nahrungsangebot, wie er es in kaum einem
anderen Waldtyp zur Verfügung hat. Dies
gilt auch für viele andere Kleintierjäger unter
den Vögeln, die häufig im Auwald ihre
höchsten Siedlungsdichten erreichen.

Doch urwüchsige Auwälder sind in der Landschaft Mitteleuropas bis auf winzige Reste
verschwunden. Begradigung und Verbauung der Flüsse sorgten dafür, daß viele
Bereiche der Uferzonen nicht mehr von den
Hochwässern erreicht wurden und damit
vom lebenswichtigen Wasser abgeschnitten
waren. Begradigung förderte zudem die
Eintiefung der Rinnsale, so daß sich
auch in den angrenzenden Flächen der Grundwas-
serspiegel senkte. Flußstauseen in großer Zahl
sorgen dafür, daß Hochwässer aufgefangen werden
und die tiefer liegenden Abschnitte des Flußlaufes
nur noch Rinnsale mit gleichbleibendem Wasserstand sind. Überspülungen der ufernahen Flächen
sind dann unmöglich; die Lebensgemeinschaft Flußaue stirbt.

*Sonnen-
badender
Pirol*

*Wo Wasser und Bäume zusammentreffen, fühlt sich der Pirol am wohlsten: Urwüchsige Auwälder – die artenreichsten Lebensräume Mitteleuropas – sind bis auf winzige Reste vernichtet worden*

Viele große Flüsse sind mittlerweile zu Fahrrinnen ausgebaut worden, die dem Auwald ebenfalls keine Chance mehr geben. Rhein und Donau sind Beispiele dafür. Große Abschnitte der Donau wurden z.b. erst in allerletzter Zeit durch die umstrittene Rhein-Main-Donau-Trasse vernichtet.
Schon länger zurück reicht die Ansiedlung riesiger Städte und vor allem der Industrie an Flüssen, die nicht nur viele Auwaldflächen beseitigten, sondern auch dafür sorgten, daß viele Flüsse zu toten Abwasserkanälen wurden, die man jetzt mit viel Geld und technischem Aufwand reinigen will. Nicht zuletzt beseitigten Verkehrsadern unmittelbar entlang der hochwassersicher gebauten Flüsse noch vorhandene Reste der Flußauen. Natürlich haben sich auch Forst- und Landwirtschaft der Auwälder bemächtigt, und heute drohen Freizeitanlagen aller Art in die letzten verbliebenen Reste einzudringen.

**Vernetzung der Beziehungen**

Vom Pirol bis zu aktuellen Problemen des Wasserhaushaltes in mitteleuropäischen Flußlandschaften – ist das nicht ein wenig weit hergeholt?
Mit Sicherheit nicht, denn der exotisch anmutende Vogel in seiner Umwelt ist nur ein kleines Beispiel für die vielfache Vernetzung der Beziehungen in der Natur und für die immer wieder viel zu wenig berücksichtigte Verbindung zwischen einer kleinen Ursache und einer großen Wirkung. Der Vogel des Jahres 1990 ist nicht nur eine bedrohte Art, sondern er steht auch für ein sehr empfindliches und für die Erhaltung der Artenvielfalt entscheidend wichtiges kosystem, das der Mensch rücksichtslos zerstört und auf winzige Reste zurückgedrängt hat. Der Kampf um die Donauauen bei Hainburg in sterreich hat das Schicksal der Auen an die Öffentlichkeit gebracht. Dieser Kampf um letzte naturnahe Reste in Mitteleuropa, die u.a. für den Wasserhaushalt entscheidende Bedeutung haben, ist aber noch lange nicht gewonnen. Der Pirol kann die Aufmerksamkeit der breiten Öffentlichkeit wie die verantwortlicher Politiker auf das verzweifelte Schicksal der Lebensgemeinschaft Flußaue lenken. Möglichkeiten, Auwälder neu entstehen zu lassen, gibt es durchaus. Selbst in modernen Konzepten des Ausbaues von Flüssen können Auwälder ihren

*Viele bedrohte Tierarten teilen ihren Lebensraum mit dem Pirol: Ein Pärchen des seltenen Nashornkäfers*

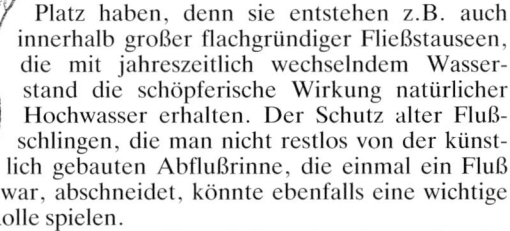

Platz haben, denn sie entstehen z.B. auch innerhalb großer flachgründiger Fließstauseen, die mit jahreszeitlich wechselndem Wasserstand die schöpferische Wirkung natürlicher Hochwasser erhalten. Der Schutz alter Flußschlingen, die man nicht restlos von der künstlich gebauten Abflußrinne, die einmal ein Fluß war, abschneidet, könnte ebenfalls eine wichtige Rolle spielen.

Aber auch an allen übrigen Standorten ist der Wald, in dem Pirole vorkommen, besonders schützenswert und oft genug in arge Bedrängnis geraten. Der Vogel des Jahres 1990 kann also ein Symbol der Erhaltung von Lebensräumen werden, die auch für uns unmittelbare Bedeutung haben. Es kommt darauf an, ob unsere Gesellschaft diese Botschaft versteht.

Wie steht es aber um die Erhaltung der Art in Mitteleuropa?

Auf der Roten Liste der gefährdeten Vogelarten der Bundesrepublik Deutschland hat der Pirol bisher glücklicherweise noch keinen Platz gefunden, doch könnte es sehr wohl sein, daß er zu den nächsten Anwärtern zählt.

Trotz der Vorstöße nach Norden (vgl. „Ein Exote in Europa") hat der Bestand in Mittel- und Westeuropa sicher nicht zugenommen. Teilweise wird sogar ein Rückgang festgestellt. Und hieran hat sicher in erster Linie der Schwund und die Verschlechterung optimalen Lebensraumes Schuld. Möglicherweise spielen auch Klimaschwankungen eine Rolle, die sich bei ungünstigen Lebensraumverhältnissen besonders deutlich auswirken können.

**Regulation durch Reviergröße**

Man muß davon ausgehen, daß auch in optimalen Waldbiotopen die Pirole wegen ihrer großen Brutreviere nicht zahlreich sind (vgl. „Pirolsommer in Europa"). Die Art zählt also zu denjenigen Singvögeln, die schon von Natur aus kleine regionale Populationen aufweisen. Man könnte auch sagen, Pirole machen sich durch ihre Revieransprüche selbst das Leben schwer. Ihr Bestand wird offensichtlich ganz entscheidend durch die Auseinandersetzung zwischen Artgenossen reguliert. Die geringe Tragfähigkeit einzelner Biotope für Pirole sorgt

*Mit dem Pirol ein Bewohner des Eichenwaldes: der Hirschkäfer*

142

damit für eine strenge Regulierung der Populationsdichte.

Veränderungen der Wälder, z.B. durch Holzeinschlag, können einzelne Paare zur Aufgabe ihrer Reviere zwingen. Änderungen der Waldzusammensetzung durch die Forstwirtschaft, aber auch Beseitigung vieler wichtiger Bestandteile des Lebensraumes, wie Tümpel und andere kleinere Stillgewässer, Buschsäume an Waldrändern, Hecken und Feldgehölze können die Dichte der Pirole in einer Landschaft rasch nach unten drücken. Verluste an baumbestandenen Flächen durch Verbauung aller Art kommen dazu. Andererseits hat man beobachtet, daß unter annähernd konstanten Bedingungen Pirolreviere 14 oder gar 18 Jahre hintereinander besetzt waren und vor Jahrzehnten festgestelle Vorkommen auch heute noch bestehen. Die Ortstreue von Einzelvögeln ist ja durch Ringfunde bewiesen (vgl. „Wanderungen und Winterquartier"). Gute Lebensräume können der Art also nachhaltig die Existenzmöglichkeit sichern.

Sicher kann man auch daran denken, dem Pirol wieder Lebensräume zu schaffen, doch muß man damit rechnen, daß es etwa 10 Jahre im Minimum dauert, bis der Baumwuchs hoch genug ist. Damit ist auch für den Pirol – wie für viele andere Artenschutzprojekte – langfristig zu kalkulieren und vorausschauend zu arbeiten.

Ein weiterer wichtiger Regulationsfaktor für den Bestand und die Nachwuchsrate des Pirols ist in Mitteleuropa das Wetter. Sein Einfluß ist mit zwei besonderen Eigenschaften zu beschreiben:

Es arbeitet unabhängig von der Dichte der Population, nimmt also keine Rücksicht darauf, ob der Bestand vorher hoch oder niedrig war, und ist ferner nicht vorhersagbar, kann also unvorhergesehen eintreten. Die kritischen Monate sind Mai und Juni, denn im Juli ist die Sache für den Pirol in seinem Brutgebiet so gut wie gelaufen. Man hat errechnet, daß in Jahren mit einem warmen und trockenen Mai die Zahl der revierbesitzenden Paare höher ist als in Jahren mit einem Mai, der hohe Niederschläge und niedrige Temperaturen aufweist. Die Erklärung liegt wahrscheinlich darin, daß bei ungünstiger Witterung Paarbildung und

**Regulator Wetter**

Haselmaus – trotz ihres deutschen Namens keine Maus, sondern ein Verwandter des Siebenschläfers

Nestbau hinausgeschoben werden oder sogar ganz ausbleiben. Bei lang anhaltendem Regenwetter werden sogar fast fertig gebaute Nester wieder verlassen.

Kühle Temperaturen und meist noch hohe Niederschläge im Mai sind wohl auch die Ursache dafür, daß z.B. am Alpennordrand Pirole auch in günstigen Lebenräumen über 500 m vielfach nicht mehr brüten können oder sich nur ausnahmsweise ansiedeln.

Warum Pirole bei ungünstigem Wetter mit einer Brut gar nicht erst anfangen oder sie so lange hinausschieben, bis es vielleicht für dieses Jahr zu spät ist, ist wohl mit dem Angebot an Nahrung zu erklären. Die Menge an Insekten – Pirole können ja im Mai noch nicht auf Früchte umsteigen – hängt ganz entscheidend von der Witterung ab. Der Beginn des Brutgeschäftes fordert aber von den Vögeln viel Energie (vgl. „Pirolsommer in Europa"), die aus knapper Nahrung nicht gewonnen werden kann. Zudem verbraucht der Körper an kühlen Tagen mehr Energie, um seine Temperatur aufrecht erhalten zu können.

Ganz allgemein ist zu vermuten, daß im Sommerhalbjahr im Brutgebiet das Nahrungsangebot für den Pirol sehr viel stärker von Jahr zu Jahr oder Woche zu Woche schwankt als im tropischen Winterquartier.

Sicher hat sich zudem die Nahrungssituation durch Veränderung der Landschaft, insbesondere der Ackerbaulandschaft, und durch den Einsatz von Insektiziden allgemein gegenüber früher verschlechtert.

Somit ist das Nahrungsangebot im Brutgebiet zumindest am Beginn des Pirolsommers ein begrenzender Faktor für die Bestandsgröße, wie die Populationsbiologen zu sagen pflegen.

Entscheidet das Wetter im Mai im wesentlichen darüber, wieviel Pirolpaare rechtzeitig mit der Eiablage und der Brut beginnen können, ist das Juniwetter für den Erfolg der Jungenaufzucht maßgebend. Die Witterungskombinationen warm und feucht sowie kühl und trocken wirken sich günstig aus; viele Jungen erreichen dagegen die Flugfähigkeit nicht in Jahren mit trocken-warmem und feucht-kühlem Juni. Bei feucht-kühlem Wetter

*In Baumhöhlen und Nistkästen der Laubwälder trifft man häufig den Siebenschläfer*

Auch ein Lebensraum-
genosse: der
Pappelbock

entstehen sicher Probleme mit der Nahrungsver-
sorgung; außerdem laufen die Jungen Gefahr zu
durchnässen und zu unterkühlen. Warum aber die
Kombination warm-trocken ebenfalls ungünstig
ist, läßt sich nach dem augenblicklichen Stand der
Kenntnisse nicht befriedigend erklären. Vielleicht
ist solches Wetter für die Entwicklung im Nest
lebender Parasiten günstig?

Da die jungen Pirole erst gegen Ende des 2.
Lebensjahres geschlechtsreif werden, bedeutet für
sie die Witterung ihres ersten Sommers als selb-
ständige Individuen ebenfalls eine harte Prüfung.
Wahrscheinlich wirkt sich das auch als ein Regulationsfaktor aus, der den Pirolbestand in kommen-
den Jahren bestimmt.

Zum Schutze der Pirole können wir das Wetter
natürlich nicht ändern. Es ist auch sinnlos – und
nebenbei verboten –, etwa bei Regenwetter hilf-
lose Nestlinge mit nach Hause zu nehmen, um sie
großzuziehen. Das wird von begeisterten Tier-
schützern z.B. bei Singvögeln, die nahe ums Haus
brüten, immer wieder versucht. Ja, in manchen
Gebieten ist aus falsch verstandenem Artenschutz
schon ein regelrechter Streit zwischen Vogelschüt-
zern entstanden, ob man offensichtlich dem Tode
geweihte Jungvögel aus Nestern nehmen soll, um
ihnen eine Chance zu geben oder besser die Finger
davon läßt.

Mitleid ist sicher eine sehr schöne Regung, doch
als Mittel der Erhaltung von Tierarten unter den
schwierigen Bedingungen in freier Natur nicht
geeignet. Es geht beim Artenschutz im Gegensatz
zum Tierschutz, der sich um einzelne durch den
Menschen gefährdete Individuen zu kümmern hat,
um die Erhaltung von Tierbeständen (Populationen), die mit den Widrigkeiten der Natur leben,
also auch Gefahren überstehen und Verluste hin-
nehmen können.

Günstige Lebensbedingungen und optimale Lebensräume verringern die Verluste als Folge ungünstiger Witterung und sorgen vor allem dafür,
daß witterungsbedingte Ausfälle rascher wieder
ausgeglichen werden können. Nach Einzelbeob-
achtungen scheint es aber beim Pirol immerhin
mehrere Jahre zu dauern, bis besonders katastro-
phale Brutjahre wieder wettgemacht sind.

Die Larven des
Moschusbocks leben
in Weidenbäumen

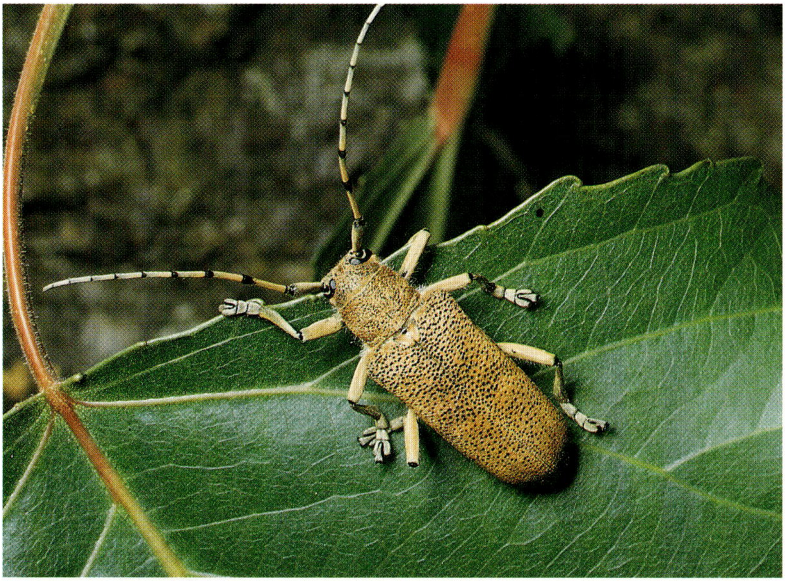

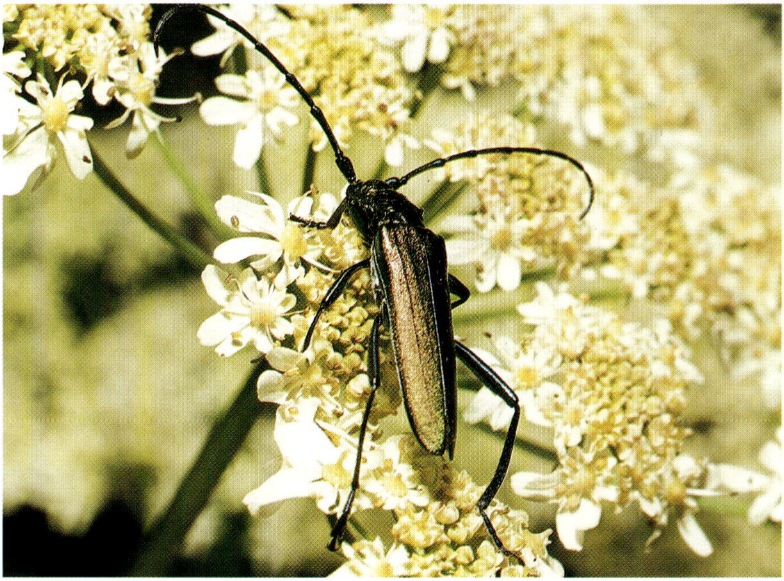

**Spielen Feinde eine Rolle?** In die vorstehenden Überlegungen zu den für den Pirol wichtigen bestandsregulierenden und begrenzenden Faktoren haben wir absichtlich die Diskussion über natürliche Feinde und andere direkte Verlustursachen noch nicht einbezogen. Abgesehen davon, daß wir hierüber beim Pirol nicht viel wissen, ist die Erörterung solcher Faktoren bei vielen gefährdeten heimischen Tierarten nebensächlich. Das mag erstaunen, denn normalerweise ist die erste Frage besorgter Tierfreunde immer nach den Feinden. Diese Einstellung führte seit Jahrhunderten zur Verfolgung von Greifvögeln und Eulen. Und auch heute gibt es immer noch viele ewig Gestrige und Unbelehrbare, die auf jeden Bussard oder Habicht schießen wollen. Alljährlich werden allein in der Bundesrepublik noch Hunderte von Ausnahmegenehmigungen zum Fang und Abschuß der beiden Greifvogelarten erteilt.

Der Versuch, die seit Jahrzehnten übliche Verfolgung von Rabenkrähe, Elster und Eichelhäher endlich zu verbieten, führte zu einer jahrelangen erregten Debatte. Viele Tierfreunde sahen das Aussterben von Singvögeln voraus, und vor allem Jäger wollten einfach nicht einsehen, daß durch Vernichtung der drei Rabenvögel wirklich kein Beitrag zum Artenschutz erreicht wird. Natürlich werden jedes Jahr Pirolnester von Eichelhäher, Rabenkrähe, Elster, Eichhörnchen oder Baummarder ausgeraubt. Doch sicher ist auch, daß diese Eingriffe keinen nennenswerten Einfluß auf den Bestand des farbenprächtigen Vogels bei uns haben. Und ebenso sicher ist, daß Verfolgung solcher Nesträuber oder Versuche, ihren Bestand „kurzzuhalten", überhaupt nichts bringen.

Als Greifvogelbeute werden Pirole entsprechend ihrer geringen Zahl selten festgestellt, am ehesten noch bei den Vogeljägern Sperber und Habicht. Es lohnt sich in unserern Wäldern für Greifvögel nicht, gezielt auf Pirole Jagd zu machen. Der Eleonorenfalke auf den Ägäischen Inseln ist ein Sonderfall: Hier hat der Pirol wenig Chancen, sich zu verstecken oder geschwächt dem schnellen Falken zu entkommen (vgl. „Wande-

*Drohen des Weibchens gegen das Männchen*

rungen und Winterquartier"). Man darf aber annehmen, daß in großer Zahl Jungvögel mit ohnehin geringerer Lebenserwartung (vgl. unten) dem Vogeljäger der Ägäis zum Opfer fallen.

Allerdings verfügen wir beim Pirol über zu wenig gesichertes Datenmaterial, um die Bedeutung solcher Verluste richtig einzuschätzen. Sicher sind sie „natürlich", spielten als von jeher eine Rolle in der Bestandsdynamik der Vogelart. Eine Größe, die wir kennen müßten, um sie rechnerisch richtig einschätzen zu können, wäre der mittlere jährliche Fortpflanzungserfolg, also die Zahl der Jungen, die pro Paar im Mittel vieler Jahre flügge werden. Zu wenige Nester sind vom Beginn der Eiablage bis zum Ausfliegen der Jungen bis jetzt durchbeobachtet worden, um einen solchen Wert ermitteln zu können. Immerhin scheint der Erfolg bei Nestern, die bereits Junge enthalten, also über die oben beschriebenen Anfangsschwierigkeiten bei ungünstigem Maiwetter hinweggekommen sind, sehr hoch (bei etwa 80%) zu liegen. Doch darin sind natürlich frühe Totalverluste der Brut oder Abbruch schon beim Nestbau nicht enthalten.

Aber auch wenn solche Zahlen verfügbar werden, könnte man nicht abschätzen, ob die Nachwuchsquote ausreicht, um den Bestand zu erhalten. Hierzu ist die Kenntnis des durchschnittlichen Lebensalters oder der jährlichen Sterblichkeit erforderlich. Nach den wenigen Ringfunden (vgl. „Wanderungen und Winterquartier") ist nur zu schätzen, daß ein eben aus dem Nest geflogener Jungvogel im Mittel etwa noch eineinhalb Jahre zu leben hat. Nach dem ersten Winter, wenn viele Junge schon zugrunde gegangen sind, stehen für die Überlebenden die Chancen wesentlich günstiger. Sie scheinen eine mittlere Lebenserwartung von etwa weiteren 3 Jahren zu haben. Nach dem 2. Winter erhöht sich dieser Wert sogar noch auf fast 4 Jahre.

Ein Pirol, der die ersten zwei besonders gefährlichen Jahre erfolgreich hinter sich gebracht hat, hat also relativ gute Aussichten, etwa 6 Jahre alt zu werden.

Das ist freilich nur eine Annahme, die bis jetzt erst durch wenige Befunde gestützt wird. Immerhin ist der älteste freilebende Ringvogel fast 8 Jahre alt

geworden. In Gefangenschaft sind höchste Lebensalter von mehr als 9 Jahren festgestellt worden. Pirole können also gelegentlich durchaus 10 Jahre alt und ausnahmsweise wahrscheinlich noch älter werden.

Das bedeutet, daß nicht jedes Pirolpaar jedes Jahr 2 Junge großziehen muß, um den Bestand zu halten. Doch wie hoch der Nachwuchs wirklich sein muß, wissen wir nicht.

**Der Mensch greift ein**

Weitere Verluste kommen natürlich durch den Menschen dazu. Verbauung der Landschaft, Verdrahtung oder Verkehr werden sicher ihre Opfer fordern. Nicht zu vergessen ist, daß Pirole schon seit langem und sicher auch heute noch in großer Zahl in vielen Mittelmeerländern gefangen und geschossen werden.

In einem italienischen Handbuch für Vogelfänger erhält der Pirol eine gute Note: „Ist für gewöhnlich im August geeignet fett; sein Fleisch ist vorzüglich". Aber keineswegs werden Pirole etwa nur in Italien gejagt; auch auf den Ägäis-Inseln stehen z.B. seit vielen Jahren Fanganlagen, in denen wohl auch mancher Pirol sein Ende findet. In Ägypten und anderen Ländern des östlichen Mittelmeeres sowie entlang der nordafrikanischen Küste dürfte es nicht viel anders sein.

Pirole werden nicht nur für den Kochtopf, sondern auch für Präparationszwecke gefangen. So findet man immer wieder bei Präparatoren oder Souvenirhändlern ausgestopfte Männchen, die wegen ihres prächtigen Gefieders natürlich besonders beliebt sind.

Der Schutz des Pirols als Zugvogel ist also auch ein internationales Problem. Sicher ist heute manches besser geworden als noch vor einigen Jahren. Doch geht es dabei nicht nur um gesetzliche Richtlinien, wie sie z.B. von der Europäischen Gemeinschaft mit internationaler Gültigkeit erlassen werden, sondern um ihre Durchsetzung auch dort, wo man von Naturschutzbehörden weit entfernt ist.

*Immer noch werden Pirole gesetzwidrig verfolgt, selbst innerhalb der Länder der Europäischen Gemeinschaft – trotz EG Vogelschutzrichtlinie! Vogelfanganlage mit einigen kärglichen Büschen und einer künstlichen Wasserstelle auf einer ägäischen Insel*

# Literatur

BRINKMANN, M. (1942): Standorttreue des Pirols
Beitr. Fortpfl. biol. Vögel 18, 30

BRUNS, H. & H. NOCKE (1960): Die Erstankunft des
Pirols (Oriolus oriolus) in Deutschland 1948–1957
Ornith. Mitt. 12, 61–73

CREUTZ, G. (1952/54): Zum Nestbau des Pirols,
Oriolus oriolus (L.) Beitr. Vogelkd. 12, 61–73

CREUTZ, G. (1983): Der Pirol in der Oberlausitz
Abh. Ber. Nat. kd. mus. Görlitz 56, 1–12

DATHE, H. (1930/32): Der Pirol, Oriolus oriolus
(L.), Brutvogel im Vogtlande Mitt. Ver. sächs. Orn.
3, 221–222

FEIGE, K.-D. (1986): Der Pirol Neue Brehm-Büche-
rei 578, Ziemsen-Verlag, Wittenberg-Lutherstadt

FLÖSSNER, D. (1982): Der Pirol – Oriolus oriolus (L.)
Ber. Avifauna Gera, 22–24

GESNER, C. (1669): Vollkommenes Vogelbuch Re-
print 1981. Darmstadt

HAENSEL, J. (1967): Zur Jagdweise des Pirols,
Oriolus oriolus Beitr. Vogelkd. 12, 289

HÖLZINGER, J. (1987) Die Vögel Baden-Württem-
bergs. Band 1, teil 2, Stuttgart

HÖPPNER, G. (1954/56): Paarungsspiel beim Pirol,
Oriolus oriolus Beitr. Vogelkd. 4, 289

HÖPPNER, G. (1964): Der Einfluß des Nachwinters
1953 auf einen Brutbestand des Pirols (Oriolus
oriolus) Orn. Mitt. 16, 207–208

MEINERTZHAGEN, R. (1923): A Review of the Genus
Oriolus 1 bis 11 Ser. (5), 52–96

HELDE, L. & M. MELDE (1977): Zur Biologie des
Pirols Falke 24, 258–263

NATORP, O. (1938): Zur Brutbiologie des Pirols
(Oriolus oriolus, L.) Beitr. Fortpfl. biol. Vögel 14,
121–123

NAMANN, J. F. & C. R. HENNICKE (1897–1905):
Naturgeschichte der Vögel Mitteleuropas Gera, 12
Bände

REINSCH, A. (1958): Am Nest des Pirols (Oriolus
oriolus) Vogelwelt 79, 154–157

REINSCH, A. (1959): Beobachtungen am Nest des
Pirols (Oriolus oriolus) Vogelwelt 80, 149–156

REINSCH, A. (1961): Rivalenkämpfe des Pirols
(Oriolus oriolus) Vogelwelt 82, 107–108

REINSCH, A. (1964): Pirolbeobachtungen 1962 Vogelwelt 85, 53 – 57

REINSCH, A. (1968): Pirol (Oriolus oriolus) benützt zum Nestbau die vorjährige Astgabel Vogelwelt 89, 51

REINSCH, A. & K. WARNCKE (1971): Zur Brutbiologie des Pirols (Oriolus oriolus) Vogelwelt 92, 121 – 141

RICHTER, G. (1949): Mit der Kamera am Pirolnest Vogelwelt 70, 33 – 36

STRESEMANN, E. (1948): Die Wanderungen des Pirols (Oriolus o. oriolus) Orn. Ber. 1, 126 – 142

ZINK, G. (1975): Der Zug europäischer Singvögel. Ein Atlas der Wiederfunde beringter Vögel. Aula-Verlag, Wiesbaden

ZIPPELIUS, H.-M. (1972): Zur Brutbiologie des Pirols (Oriolus oriolus) Bonn. zool. Beitr. 23, 338 – 346

# Register

# Schaffen Sie sich eine einzigartige Bibliothek!

## In übersichtlichen Einzelwerken und bisher nicht erreichter Ausführlichkeit!

Wenn Sie "*Das besondere Vogelportrait*" abonnieren, sparen Sie im Jahr **60.-- DM** Anstatt des üblichen Ladenpreises von **29.80 DM** zahlen Sie als Abonnent nur **24.80 DM** und Sie versäumen keine dieser wertvollen Monographien.

## Die Folgebände der Reihe:

Band 2    **Der Eisvogel**
Band 3    **Das Rotkehlchen**
Band 4    **Die Rauchschwalbe**
Band 5    **Der Höckerschwan**
Band 6    **Der Weißstorch**
Band 7    **Die Schleiereule**
Band 8    **Der Haussperling**
Band 9    **Der Buchfink**
Band 10   **Das Auerhuhn**
Band 11   **Die Stockente**
Band 12   **Jahresvogel des DBV / LBV**

Blüchel & Philler, Verlags- und Vertriebsgesellschaft mbH
Abonnementverwaltung    *"Das besondere Vogelportrait"*
Postfach 2860, D - 4950 Minden